惜缘

相遇是最美丽的奇迹

青春励志系列

陈志宏◎编著

延边大学出版社

图书在版编目（CIP）数据

惜缘：相遇是最美丽的奇迹/陈志宏编著. — 延吉：延边大学出版社，2012.6（2021.10重印）

（青春励志）

ISBN 978-7-5634-4870-8

Ⅰ.①惜… Ⅱ.①陈… Ⅲ.①人际关系学−青年读物 Ⅳ.① C912.1-49

中国版本图书馆 CIP 数据核字 (2012) 第 115477 号

惜缘：相遇是最美丽的奇迹

编　　著：陈志宏
责任编辑：林景浩
封面设计：映像视觉
出版发行：延边大学出版社
社　　址：吉林省延吉市公园路 977 号　邮编：133002
电　　话：0433-2732435　传真：0433-2732434
网　　址：http://www.ydcbs.com
印　　刷：三河市同力彩印有限公司
开　　本：16K　165 毫米 ×230 毫米
印　　张：12 印张
字　　数：200 千字
版　　次：2012 年 6 月第 1 版
印　　次：2021 年 10 月第 3 次印刷
书　　号：ISBN 978-7-5634-4870-8
定　　价：38.00 元

版权所有　侵权必究　印装有误　随时调换

前 言

生命是一段漫长的旅程。在这段旅程中,你会遇到形形色色的人,经历千奇百怪的事。在这些人当中,有的会向你伸出援助之手,帮助你度过困境;也有的会给你设下圈套,让你犯下严重的错误。在这些事当中,有的会让你喜极而泣,终生不能忘怀;有的会令你悲痛欲绝,在生命中刻下沉重的烙印。

但是,这一切的一切丰富了你的人生,埋下的圈套会让你更加谨慎,经历的痛苦会让你更加坚强。在茫茫人海之中,既然有缘与这些人、这些事相遇,那它们就是你生命中美丽的奇迹。

此书精选了一系列精彩动人的美丽故事,既有青年人真实经历的记叙,也有涉世已深的成年人用心灵和智慧讲述的五彩人生。它们就如同一股清泉一样,注入到我们的生活当中。仔细读来,令人遐思不尽;细细品析,又能从中感悟出人间的真情与人性的美好;更有诸多人生的哲理,闪烁着智慧的火花,给人以生命的启迪。

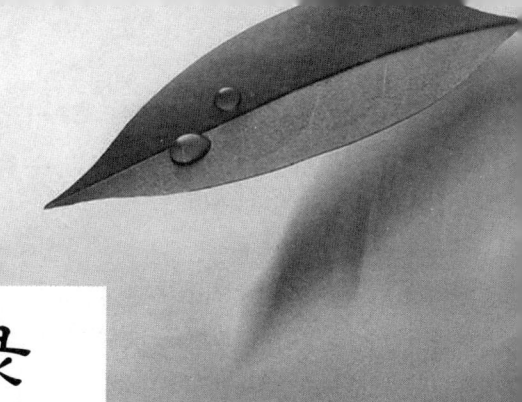

目录

第一篇　你在伞里吗

用爱的眼睛看真情	2
背起父亲去看树	5
你是否相信陌生人	6
后娘	9
70岁的父亲与90岁的爷爷	11
外婆的刀削面	12
我们是一家人	16
瞎子五爷	17
嗨，迈克	20
我的妹妹	22
牧羊女	23
枣树林	25
只有你才能欣赏我	29
风中跌倒不为风	30
姐姐，你是我第一个在雨里等候的女生	33
今年桂花不飘香	36
樱花常开亲情永在	39

你在伞里吗	41
绝笔	42
别离的故事	45
最成功的一次教育	46
我不想开枪	48
我是小妹我是月亮	50
一块旧表	52

第二篇　爱中有天堂

旅　伴	56
永远的同桌	59
益友增添生命光彩	63
朋友之间	64
一生的朋友	65
起死回生的友情	67
朋友从陌生人开始	71
友　善	72
沙子与石头	73
爱中有天堂	74
曹禺与舒乙的九个鞠躬	75
花树的卑微朋友	76
生命的药方	78
让仇恨长成鲜花	79
粉白色的风衣	80
这棵树上只有一个果子，叫做"信任"	82
住在车棚里的朋友	83
一生的朋友	86
蛛丝和梅花	88

鸡蛋番茄面	91
两棵树的守望	92
已婚的和未婚的	94
世上还是好人多	95
姑　　妈	96

第三篇　冰淇淋在流泪

老师远去的背影令我伤心	100
老师的眼泪	102
巴西总统的第一任老师	104
三朵玫瑰	105
名人失恋之后	106
美丽的歧视	107
麦琪和她的天才班	109
严　　师	110
冰激淋在流泪	112
在爱里慢慢成长	113
球　　赛	116
人生的偶然	119
第一位班主任	120
我最好的老师	122
迟到的理由	123
孩子是我们的老师	125
李斯特和女钢琴家	126
为爱长大	127
我没有被爱抛弃	129
爱在阳光下	132
总统的母亲	134

| 母女的协定 | 135 |

第四篇　秋天的怀念

绿色的记忆	138
来自蝴蝶的一个吻触	140
士兵和陌生的老人	141
快乐的感恩节	142
事情的真相	144
一个走错路的科学家	145
农夫和老虎	147
此岸，彼岸	147
秋天的怀念	154
不说再见	155
66朵洛丝玛丽	157
我们这样近，我们这样远	159
叫声哥哥	162
丢钱的老人	165
小鸟，你飞向何方	167
睡在我下铺的兄弟	171
毕业的礼物	173
碗里的秘密	174
友好的陌生人	176
云襟胸怀	177
爷爷，我欠您一个拥抱	181
和解的智慧	183

第一篇

你在伞里吗

用爱的眼睛看真情

我第一次见到老叔，是在10岁的那年夏天，和爸爸一起回老家的时候。老叔站在大大的院子中央，见到了我，就欣喜若狂地跑过来抱我，结果我却哇的一声大哭了起来。那么毫无遮拦的哭声，使老叔感到尴尬不知所措，立刻放开了手。从那以后，老叔再也没有抱过我，甚至从不靠近，他是怕我再被他的坏眼睛吓着。他的右眼球，被一个很古怪的玻璃球体代替，像死鱼的眼睛，圆鼓鼓地翻着，看上去可怕极了。那时的我还不知道，我的哭声不仅仅刺痛了老叔的心，还揭开了爸爸的旧伤疤。

农村的邻居热情好客，知道爸爸回来了，就纷纷过来看望，这使爸爸的探亲也添了些衣锦还乡的味道。大家一边拍着爸爸的手，一边就说起来："将来有了出息，一定不能忘记这里的人。"说着说着，不由自主地说到了老叔。"看你弟弟多可怜，你能帮也帮帮他。"一说到此，爸爸总是显得沉默，这样的话不断在耳边重复，渐渐地就有了不同的意味。

直到后来，听到了爷爷和爸爸的谈话，我才知道了事情的真相，原来，老叔是因为爸爸才变成盲人的。大概在他们十五六岁的时候，爸爸生病高烧不退，老叔深夜走十几里地给爸爸找大夫，结果在回来的途中从山上滚了下去，剜瞎了眼睛。农村人迷信，都说那一夜陈家的孩子注定要有一个成残疾，不是老叔翻下山变成盲人，就是爸爸发烧变成哑巴，结果是老叔代替了父亲，他变成了独眼瞎。

爷爷对爸爸说："你带他到城里去吧，他总不能一辈子都跟着我们。当兵不行，去工厂当工人，人家还嫌他是个盲人。除了你，他谁也靠不上，你就帮帮他，再说，他也是因为……"话说到这里，爸爸就扭头干别的去了。他这次回来，本来就是为了接老叔进城，可话经爷爷这么一说，经人们这么一议论，就完全变了味道，仿佛他是夺走老叔一切的人。似乎每个人的话里都隐藏了这样的含义：如果老叔不变成盲人，那个衣锦还乡的人就应该是老叔，而那另一个走投无路、只能一辈子种地的人应该是他。

老叔来到城里之后，爸爸就到处奔波为他打听工作。先是介绍他到瓜子厂当工人，老叔抱着铺盖去了，没有一个礼拜就回来了。老叔被开除了，因为有人看见，他半夜起来拿着布袋偷瓜子。爸爸大发雷霆，骂老叔是个无赖，简直是给他丢脸。都是脾气暴躁的人，谁也不懂得谦让，越吵越凶，直到爸爸高声喊："算我欠你，我一辈子欠你还不行吗？"他们就谁也不再吵了，这句话像紧箍咒，勒紧了他们的痛处。

后来爸爸又把老叔介绍到朋友开的轧钢厂，帮人家过磅。可是他去没几天，厂里又开始丢东西。这一次，人家还没说什么，爸爸就首先怀疑到了老叔，把他领回了家，那时他们已经很少说话了，一说话就会大吵起来，他们之间的争吵，就像齿轮间的沙砾，磨损着他们的亲情，可是谁也不会停下来，静一静，想办法把沙砾拿掉。爸爸对老叔那么无能为力，对老叔的愧疚却深深地压着他，他总是重复着一句话："谁让咱欠他的呢！"

就这样爸爸被愧疚压得喘不过气，仿佛他为老叔做的一切都不是为了老叔，而是为了偿还那一笔心债。仿佛他们已经不再是最好的伙伴、朋友、亲人，仿佛连接他们的只有那一丝愧疚。老叔成了他的负担，从最亲的亲人变成了最远的人。老叔结婚的时候，我妈妈为他们做了被套和枕头，可他都没来道一声谢。从老叔到运输队工作以后，爸爸就再也没让老叔来家里吃过饭。爸爸说："让他结了婚有了工作，我欠他的也还得差不多了。"可是不久，爸爸就又欠了老叔一个人情。

那是一个冬天，爸爸体检查出盲肠上长了一个瘤。医生说是良性的，做了手术就没事了。爸爸住院的日子，突然有一天，老叔讪讪地走了进来，也不吭声，坐在靠窗的椅子上，吧嗒吧嗒地抽着烟。他不说话，父亲也不会先开口，就像他们互不理睬的这些年，僵持已经成了习惯。后来还是爸爸忍不住，气势汹汹地问："你来干什么？"老叔也不答话，只是体贴备至，日日夜夜地陪伴，夜里让我们回去休息。偶尔出去买一些用品，回来拿一个小本子记呀记——他在记账。有一次他出去之后，爸爸很生气地对我说："看到了吧，他把账记得一笔是一笔，指望着将来和我算清楚呢！"说着顺手拿起那个本子翻，却看到上面写着："给哥哥买一副钓得乐渔具，给嫂子买一个厨宝，不能再让她用凉水了……"原来，他是在我们说话的时候，听到父亲说想去钓鱼，还说起妈妈的关节炎。爸爸不再说话，把头扭到了一边。

爸爸动手术的前一天，医生说爸爸血象偏低，只能先输点血，可是医院还有一个急需用血者，没有多余的血，爸爸只能推后手术。妈妈一听就急了，她实在不想看爸爸躺在床上那么难受，于是跑过去问医生："能不能再想想其他办法？"医生说："你们家里人谁是A型血，也可以捐献。"于是

◆ 你在伞里吗

第一篇

惜缘
——相遇是最美丽的奇迹

老叔急忙跑过去说："我是A型，我献。"

当那温热的液体送进病房，爸爸知道是老叔为他献的血时，当场大发雷霆，他说："我不愿再欠你的了，我不稀罕你的血。"老叔一句话都不说，静静地坐在角落里，突然间难以按捺地哭了起来，就那样抱着头，放肆得像个孩子似的哭着。

满屋的人都在看他，他也不在乎，就那么一直哭，仿佛有多少的委屈都要靠这眼泪才能够流尽。等到他哭累了，才慢慢抬起头对爸爸说："这么多年，你为什么还是放不下那件事，我从来没有怪过你，可是哥，你也不要怪我了！我给你买了渔具，你一定要好起来……"说着又是一阵泣不成声。我渐渐从他的话里明白，他是把我爸爸的病当成癌症了。爸爸眼睛一直都不看他，始终盯着天花板，在那一瞬间，他还想用他一贯的冷漠和疏离包裹自己，而眼泪还是那么不争气地流了下来。

那夜，爸爸给我讲了许多他童年时的故事。那个时候，他们是那样相亲相爱。他和老叔提着篮子给爷爷打酒，他伸出黑黑的小手说："弟弟，我有一毛钱，哥请你吃糯米团。"然后两个人美滋滋地吃着糯米团回家，到家后才发现篮子里找的钱丢了。两人动也不敢动，站在院子里听爷爷大发雷霆，爸爸没有勇气承认是自己弄丢了钱，最后还是老叔走过去说："我把钱买糯米团了。"那天爷爷没有动手打人，但爸爸吃饭的时候，却可以透过窗户看到在毒日头下罚站的老叔。他说："我总是欠着他，从他在太阳下罚站开始。"

后来我站在医院的走廊里，费尽口舌才给老叔讲清楚，爸爸的病和癌症还是有区别的。直到最后，他才露出那么欣慰的笑。高兴的时候，他又要给我爸爸去买橘子，那是我爸最爱吃的水果。他说："你爸最爱吃的就是糯米团、瓜子和橘子，现在糯米团已经绝迹了。"说起瓜子，他无意中说起了那件爸爸永不原谅他的事，就是那一年他偷了厂里的瓜子，他只是想装一口袋带回来给爸爸吃。他这样说的时候，我能感到他因为那件事所经受的世态炎凉。他没和爸爸解释过这件事，爸爸的愧疚已经把他们隔得太远。

现在我才明白，若干年前老叔跌伤了眼睛，可他的心灵还是明亮的。被蒙住心灵的是爸爸，他的愧疚让他看不到真情——有的真情，只有用爱的眼睛才能够看到。

我对爸爸说，也许没有可以称量亲情的天平。就像买橘子，你要五斤，他总不能给你放到正好，多一个秤高，少一个秤低。真情放在天平上，也总是一边高一边低，一味斤斤计较，计算着谁付出的多，谁得到的少，只会让你看不到亲情的重量。爸爸点点头，他明白了我的意思。

那天爸爸出院，老叔也去接他，当走出门口的时候，他对老叔说："二宝，去我家吃饭，带上孩子他妈。"这么多年，我爸爸第一次叫了老叔的小名，我也第一次看到老叔那么快乐地笑，原来他等待的，不过是这样温情的一句话，就像小的时候，爸爸伸出黑乎乎的手说："弟弟，我有一毛钱，哥请你吃糯米团。"

心灵感悟

小时候，弟弟因为替生病的哥哥找医生，不小心摔成了独眼瞎，他的前程也因此一片灰暗。长大后，哥哥在外界舆论的压力下，在良心的谴责下，向弟弟伸出了援助之手。或许他的愧疚感太重了，为了自己可以释然，他想还清那一笔情债。可是弟弟并没有好好珍惜工作的机会，兄弟俩因此产生了尖锐的矛盾，仿佛连接他们的只有那一丝愧疚，一份亲情变得如此尴尬。

可幸的是，弟弟虽然眼睛瞎了，可是心底还是明亮的。"你为什么还是放不下那件事，我从来没有怪过你，可是哥，你也不要怪我了！"弟弟并不在乎自己为哥哥作出了那么大的牺牲，在他的心里，渴望的不是哥哥还债式的帮助，而是哥哥的一片真心、一份真情——可以包容他们之间的矛盾的手足情，而他的诚心也使哥哥清醒了。最后，哥哥说："二宝，去我家吃饭，带上孩子他妈。"简单的一句话，打破了兄弟之间多年的隔阂，他们又像小时候那样相亲相爱了。

人情的确是一个比较复杂的概念。在讲究礼尚往来的社会里，有些人情就像一只空心的玻璃球，易碎、冰冷、里面包裹着利益，这是一种交易品，价格不菲；而有些人情则像一个坚固的实心球，材料是真情，它只能是赠送品，没有价格，但很有价值，值得我们好好珍惜。

背起父亲去看树

朋友的父亲病重，得到消息后我决定去医院探望。我决定去是想培养和朋友之间的感情。我和朋友正有一笔生意上的交易，成与败全看他的为人了。

找到那间病房，发现病床是空的。同室的病人告诉我："出去了。很快就回来吧，他还输着液呢。"我把东西放下，坐在床沿上等他们回来。

医院真不是好地方，我待了不到半个小时就开始烦躁。满眼都是惨白，充耳全是呻吟。仔细分辨，似乎还能感到墙角射出的一丝丝阴气。我把目光投向窗外，想从春意盎然的季节里找出勃勃生机。然而，除了高墙与红瓦，连一点绿意也看不到。

终于受不了这种压抑，在没有等到朋友和他父亲的时候我逃出了医院。第二天又去，担心再次扑空，便央求爱人一同去。身边跟个健康又至亲的人，心里会踏实许多。

果真，朋友和他的父亲又不在。同室的病人又告诉我："他们看树去了，昨天也是。"

"看树？"

"是啊。医生说老爷子的病是好不了了，想法提高生命的质量吧。儿子问他，最大的愿望是什么？老爷子说，他种了一辈子树，死之前想多看几眼。儿子就背着父亲去看树了。"

他说得极为平淡，可我的心却像突然被挖空了一样难受。在商海拼杀多年，坑别人，也被别人坑，心肠早已钢铁般冷漠了，我总以为其他商人也该和我一样吧。然而，朋友却不同。

我突然觉得应该和朋友做这笔生意——足以决定我命运的生意，一个背着父亲去看树的人，肯定也有着一颗善良的心。

心灵感悟

爱与善是幸福，也是真理，世界上唯一可能的幸福与真理。

你是否相信陌生人

我女儿燕七是个特立独行的人，使我常常觉得鸿沟横在眼前，她的事情自己不说，我是从来不做刨根问底状的，更不会妄加干预。毕竟，我们成长的环境完全不一样，我是在纯精神的年代里树立了自己的人生观，而她一懂事，就被滚滚而来的物质洪流裹在其中。时代的烙印如此不同，我们看人、处世、想问题，怎么会一样？譬如：你相信陌生人吗？

我的回答是，人性的堕落比比皆是，熟人都不可轻信，何况陌生人？而燕七却不然。

有一次，燕七在超市里买东西，排队结账时，她前面的一位中年妇女钱不够，很尴尬，正不知如何是好时，燕七递过去一张50元，说："阿姨，您用吧。""阿姨"一定是头一回遇见这种人，未知其意，推却不接。可是，等待交款的队伍很长，她一个人的延误，已经让收款员不耐烦了，很快就会引来公愤。燕七说，您别介意，就当是我借给您的好了。"阿姨"结完账出来，对燕七再三地感谢，问了电话地址，说一定要把钱还她。这件事燕七从来没有对我提过，直到一天我接了一个陌生女人的电话。她问，是不是燕七的家，我寄了一封信，里面有50块钱。她讲了事情原委，连声说您女儿真是个好孩子，这样的年轻人可不多见，等等。我嘴上说，别客气，没有什么，碰到谁都会这样做，心里却想，不知燕七干过多少这等傻事？我没有收到她的信，去物业一问，原来她的信来了好多天了，因为燕七不常在家，没人认识她，物业就把信拆看了，知道事情有点不寻常，就搁在一旁了。我读了陌生人的来信，首先被那些朴实、平常的文字感动。她说自己已经退休，丈夫是燃气公司的工人，"如果您家里的热水器有了毛病，一定别客气，我让他去修。"除了感谢还是感谢。这时我才知道，女儿一个善意的举动对人心灵的影响有多么深刻。后来，我问燕七，你给了她钱，就不怕人家不还？她说，我就没有打算她还，不就五十块钱吗？但是我相信人家一定会还的。妈妈在超市也会遇到这种情况，帮助那个阿姨就是帮助您。

燕七在报社工作，单位附近新设一报亭，她去买杂志，扔下一张百元大钞，说，别找了，我以后会经常买你的杂志。她不问报亭主人姓甚名谁，也没有留下自己的名字。以后有她需要的杂志来了，就径直取走。估摸着钱剩不多了，就再交100元。她说，有时我问还有钱吗？人家答有呢有呢，还剩不少呢。有时就答：剩二毛了。我至今也没有仔细算过账，而他也从不主动向我追要钱。一个互信的关系就这样简单地建立起来。

燕七坚决不认为这是个人性堕落的年代，她执著地相信人性的善。她说她从来没有被骗过，也没有遇到过坏人。有一天晚上，燕七和朋友去吃饭，这个马大哈把钱包丢在出租车里就下去了。他们在饭馆里坐了大约两个钟头的光景，没想到出租车司机又找来了，他在外面拉了两个活儿后，想收车回家，清理后座时捡到了钱包。一想，刚才那两个都是坐在前座，一定是那两个年轻人丢的，于是就转回来了。燕七看见司机手里拿着她的钱包非常惊讶，还不知道钱包没了，反正女孩子是不用埋单的，司机不找上门，说不定哪会儿她才会惊呼：哇噻！我的钱包没了！她的钱包里有许多卡、证，还有1300块人民币，她当即取出300块送给司机。"司机坚决不要，我们撕巴了一会儿，最后我还是把钱塞进他的兜里。并且告诉他，我会写表扬信送到他单位。"听她叙述了始末，我的第一反应是你干嘛给他300块？太多了！燕七正色说道："按照北京市的有关规定，对于拾金不昧者应该奖励金额的20%，1300块，我理应给300块。如果我不给他钱，下次再有这种事情，他可能就不会这样做了。我这样做的目的，就是要让这个司机对人性有信心。"当时听了燕七的话，我只能说，我真的很受教育。因为我从来没有这样去思考。"可是，黑灯瞎火的，司机怎么会认得你？"我又有疑问。燕七说，我们坐在后排，他当然不可能理会我，可是某某梳着一个马尾巴，比我的头发长多了，撩一眼就忘不了。某某是燕七的朋友，中央工艺美院毕业的艺术家。

我尽管努力让自己跟上这个瞬息万变社会的步伐，自以为观念并不陈旧。可是，与燕七之间的鸿沟却眼见着难以平复。我们渴望一个互信、诚实、友爱的社会环境，却不知道人心里有多少希望在涌动。我们顽固地留恋和美化从前，把贫穷、高压和封闭下被抑制、扭曲的人性视为美德，而嘲笑和提防眼前的日子。我一向以为，我们这个年龄的人，在道德上是很纯洁的，不敢说完美，却是要求自己尽善尽美。可是和燕七比，我觉得自己很"小人"，我或许会给拾金不昧的出租车司机一百块钱而后经久不忘自己的"厚道"，但是我肯定不会在超市把钱送给毫无关系的陌生人。从前，我会给乞丐一点小钱，显示自己的慈善，后来，知道许多人是职业乞丐后，心肠就像铁一样了，从他们身旁走过，眼里和心里都结着冰。燕七不是传统概念中"单纯"的女孩，她知识丰富、交往广泛，非常有主见。但是，她依然是单纯的，这个字眼儿在她那里就是化繁为简，变混为纯。我有理由相信，这样的年轻人一定很多很多，他们代表着一个高度文明的未来。

燕七是我女儿在网上使用的名字，她常常在网上发表文章。我也是在网上与她见面更多。她毕业于北京大学，在报社工作，与同事合租一套两居室，两个女孩各居一室。朋友不少，或聚或散，悠然自得。偶尔回来看看父母，给我感觉就跟嫁出去了一样。其实未嫁，也不知何时嫁做谁人妇。不敢问，问了也不告诉你。

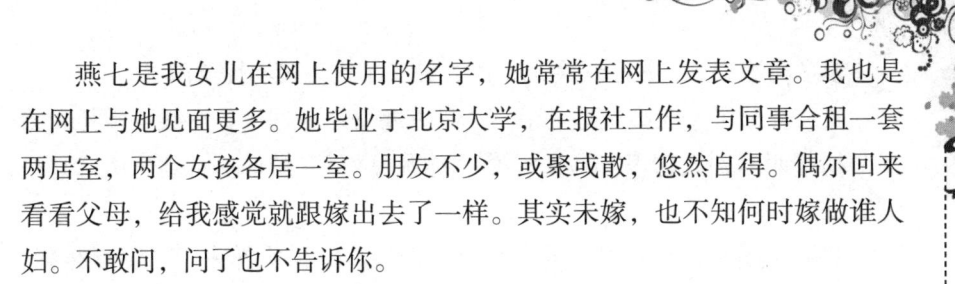

心灵感悟

人与人的友谊，把多数人的心灵结合在一起，这种可贵的联系，是温柔甜蜜的。

后娘

黑丫还穿着开裆裤，娘就死了。爹又娶了个女人，那个长着瓜子儿脸的女人就成了黑丫的后娘。后娘漂亮，人也和善，可黑丫就是不喜欢她。

后娘来后，黑丫隔几天就能吃回好东西。后娘塞给她两个红皮鸡蛋，说这是晌午饭，家里人都吃这。黑丫扒在厨房门口，偷着看后娘煮了多少。后娘一边拉风箱，一边往嘴里送窝头吃。黑丫觉得后娘心里鬼得很。

黑丫是个匪丫头，上树掏鸟蛋，下河摸鱼虾，从不落在男娃后头。衣服被枝丫挂破，鞋子糊成泥巴团，是常有的事。以前亲娘在的时候，她没少挨打。为了避免皮肉之苦，每次野完后，黑丫都偷偷摸摸地躲在粮仓后的厢房里洗鞋子，缝衣服。后娘没来多久，她的这点儿小秘密就被发现了。黑丫怕她告诉爹，爹打起来狠。可后娘始终没在爹面前提这事。让黑丫没有想到的是，往后一进院门，后娘就检查她的衣服、鞋，有破的就拿去缝，有脏的就拿去洗，有时还会说："你爹马上就回来了，先换套干净的去。"黑丫从不领情，她觉得后娘很假。

爹想让后娘生个男孩，后娘怀上了，又悄悄打了。爹气得用羊鞭抽后娘，后娘抱着头让爹打。爹打累了，哆嗦着乌紫的嘴唇问后娘为啥？后娘靠在窗沿上，眼睛直愣愣地盯着窗户外的柳条儿，有气无力地说："再有个娃，我们就对黑丫不好了，没亲娘的娃娃，可怜着呢！"

爹蹲在地中央，抽了一袋烟，用力撅了羊鞭，再不提这事了。

　　黑丫长大了，在县城里上中学，只有寒暑假才回来，后娘经常托人给黑丫捎东西。别人都很羡慕她，说："你娘真好。"黑丫一听到这话，只是笑笑。

　　有一年腊月，爹和村里的青壮年上山伐木，雪突然来了，下得很猛，爹被困在山上，一时半会儿下不来。不巧的是，在那个雪最大的晚上，黑丫得了急性阑尾炎，痛得满床打滚。后娘找不上帮忙的人手，一个人用爬犁把黑丫拉到了县城，十几里的山路，她拉着爬犁走了大半夜，走得动时走着拉，走不动时爬着拉，一刻都没停下来。

　　黑丫的小命算是保住了，可后娘却病倒在床上。黑丫看着后娘冻裂的手指头、肿得明晃晃的脚脖子，真想扑到她怀里叫声"娘"，可话到嘴边，还是咽下去了。

　　黑丫学习用功，考上了大学，毕业后留在了城里。她准备嫁给一个事业有成的可靠男人，那男人待她特好，但男人离过婚，有一个六岁的儿子。这件事后娘反对得很坚决，多次打发爹到城里表示家里的态度，甚至威胁和黑丫断绝家庭关系。看爹多次进城没有结果，后娘亲自来了，她拉着黑丫的手，声泪俱下："闺女啊，当个不是自己生的娃娃的妈太难了，你可千万得想好了，一辈子的事啊。"黑丫只是淡淡地说："好着呢，不用受十月怀胎的苦就有娃了，捡了个大便宜。"后娘又说了很多，黑丫听得不耐烦了："你不也过得挺好吗，没生过孩子的身子，四十多了还跟黄花大闺女似的。"后娘听了这话，捂着嘴哭。后娘走了，黑丫看着她颤颤巍巍的背影，有一种酸酸的感觉。她始终不知道后娘打掉孩子的事。

　　黑丫还是和那男人结婚了，做了别人的后娘。婚后的第一个春节，黑丫领着男人和孩子回娘家。黑丫第一次叫后娘"娘"，后娘傻站着掉了手里的瓷盘子，一把把这个心头肉闺女抱在了怀里。

　　临回城的那个晚上，两个女人钻在了一个被窝里，说了半宿，哭了半宿。

心灵感悟

我们为每一份爱所感动的时候，是否也应该学会对每一份爱体谅，对每份爱感恩？

70岁的父亲与90岁的爷爷

我的父亲七十多岁了,我的爷爷,父亲的父亲已经九十多岁高龄了。父亲的许多朋友和同事都很羡慕地对父亲说:"你可真有福气,七十多岁了还有一个老爸爸,还能叫上一声'爸爸'!"父亲每次都会很幸福,很快乐,笑呵呵地回答:"是啊,是啊,这是人生中一大快事哉!"

九十多岁的爷爷身体非常健康,平常即使我们一家人都感冒,他老人家却连一个喷嚏都不打。爷爷的耳朵特别大,慈眉善目,配上些雪白的头发和胡须,挺着硬朗的腰板坐在那儿,活脱脱一个老寿星。

七十多岁的父亲在九十多岁的爷爷眼里,依然是个孩子。吃饭时,大家把最好的菜放在爷爷面前,他却总是推到父亲那儿,用筷子夹着菜,不停地放到父亲的碗里,不住声地唠叨:"吃吧,快吃吧。"父亲把菜推回去,他又很不高兴地推过来,每每这时,父亲只好依着爷爷,大口大口地吃着,很夸张地吧唧着嘴,很香甜地咀嚼着。看到父亲的这种吃相,坐在旁边的爷爷才会露出满意的笑容。

九十多岁的爷爷对七十多岁的父亲有着孩子般的依赖。爷爷每天早晨醒来的时候,都会喊父亲的名字,如果父亲不在,他就会坐立不安。整天都要在你耳边嘀咕:"长兴上哪儿去啦?他怎么还不回来呀?"爷爷的耳朵不太灵光了,每与他说话,都要拼尽丹田之气,像打雷一样,震天动地。我们轮番上阵向爷爷解释父亲的去向,爷爷总是一脸的焦急,再加上点茫然,还是问我们:"怎么着?长兴上哪儿去了?"如果再不见到父亲,爷爷会发火,会撵着家里人到外面去找父亲。胡子也哆嗦,手也颤抖,像个粘人的孩子,跟在你屁股后面追着问:"你爹呢?你也不知道他上哪儿去了?还不快去找找!"父亲有事不回来,爷爷会不吃饭,坐在那儿等着他。一直到父亲回家,爷爷虎着的脸上才会有喜色。他会埋怨父亲:"你上哪儿去了?怎么才回来?我等着你吃饭哩!"

人在孩童时代,最依恋的就是自己的父母,父母温暖的胸膛就是我们童年时最好的避风港。同样,父母老了,就像小孩子一样,需要依靠在儿女们的胸口,需要儿女们年轻挺拔的身姿能够为像秋天枯草一样衰老的他们支撑起一片天地。

遇上晴朗的好天气,父亲会带着爷爷到外边逛逛,走一走。一个白发苍苍的老头,领着他的耄耋之年的老父亲,两个老头互相依偎着,互相搀扶着,蹒跚着。走在大街上,总会惹来很高的回头率。

心灵感悟

精神的沟通用不着语言,只要是两颗充满着爱的心就行了。

外婆的刀削面

差不多七八岁的时候,我被母亲送到了外婆家。

我至今仍不知道母亲为何要将我送到那里去,大约是我太过顽劣的缘故吧。我记得,当时我很不情愿到外婆家去,曾用了各种啼笑皆非的方法来抵制。但最终,我还是被母亲拖去了那里。虽然我为此愤愤不平了三天之久,然而,现在想起来,我实在是应该感谢母亲的决定的。

20世纪80年代的时候,外婆那里还没有通公路,我和母亲这一路便好一阵走。待到怀揣糕酒、手携娇儿的母亲走了个七折七回,人困脚乏之际,却看见满头白发满面红光的外公,一路小跑着接了出来。

不知道为什么,儿时的我很怕外公。怕他满脸的络腮胡子和刀锋一样刚劲的皱纹,更怕他长着胡萝卜般粗细手指的大手,却唯独不怕他抱我。母亲说,我刚出生的时候,外公就抱过我。那时是夏天,他似乎怕我热,便直着小臂抱我,托着我,满村子地绕,逢人便讲:"这是我外孙。"

外公的出现,使我规矩了很多。得以喘息的母亲便和外公说笑着走进村里去。七拐八折地走了好一阵,柳槐相遮映的外婆家便出现在眼前。

花白头发,笑眯眯的外婆早已等在门口。她嗯啊地应着母亲的问候,伸手挡开母亲双手捧过的糕饼,蹲下身拉我到她怀里去,硬硬的手指摸着我的头,笑着说:"俺家亮亮又长高哩。"我却嘟着嘴,老大的不高兴,我不喜欢这里,我觉得这里不是我的家。

一家人笑语欢声地往屋里去,除了被母亲踢了一脚的我。

屁股的疼痛,使我抽着鼻子,满脸的痛苦状,外婆悄悄地塞一块糖给我，然而不管用，我含着糖，嘴里呜呜地响。

午饭的时候，外婆端上一盆饽饽来。

饽饽的样子，很像我们所说的馒头。或者它就是馒头，只不过叫法不同罢了。外婆蒸的饽饽，实在好吃得出奇，刚出锅的时候，带着微微的黄，不似城里食品店的馒头，白得扎人的眼，叫人一见便失了胃口。抓一个饽饽在手里，软软的烫一烫手，整个人都暖了起来，连心都软软烫烫的。就着腾腾的热气，尽着性地咬一大口，嫩嫩的香便流满了嘴，滚滚地淌到胃里去。软软甜甜的滋味，留在唇齿之间，叫人难以忘怀。

然而，我最难忘的，却是外婆精心调制的刀削面。

第一次吃到外婆的刀削面是在母亲走后不久。自小生活在母亲身旁的我，看着她渐渐远去的背影，忽然感到莫大的委屈。嘴一张，外婆的糖块剑拔弩张地飞了出去。还未等外公外婆反应过来，我已哇哇地痛哭起来。

外公古铜色的脸上立时渗出了汗珠，他喂我糖，给我买花花绿绿的贴纸，甚至用肩膀驮着我去看大牛家娶媳妇。我却丝毫不理会急得团团转的外公，自顾自地，张着大嘴号啕痛哭。

外婆一声不响地看着我，她悄悄走去了厨房，在那里叮叮当当地忙活了起来。当我哭到荡气回肠之时，外婆也颠着小脚送出一碗面来。

一阵异香使我不由自主地停止了哭泣。

"吃吧，孩子。"她挑着面往我嘴里喂。

迟迟疑疑的，我咬了一小口。这的确是一小口，小小的嘴，轻轻地咬，但就是这一小口，却足以令我破涕为笑，我吮着舌头，响响地嚼着面，双眼再也离不开那碗和筷子。

从此，每当我哭闹的时候，外婆总要做面给我吃。

我至今也无法知道外婆是如何将一碗普通的面做到如此好吃的。听外公说，外婆年轻时便长于做面，尤其刀削面，更是出名的好吃。我曾亲眼见过外婆做面，那的确不是一般人可以做得来的。首先，你必须有一身的力气，否则，单是做面条的面你便揉不来。揉得小了，面软，刚一出锅便粘在一起，缩成一坨面糊，吃不出任何味来。外婆揉面的时候，总是用着全身的气力，使劲地压下去，又用力地揪上来……直到那面硬到当当响，外婆才去揭开那口特大号的铁锅。

削面更是一个细致活儿，完全可以用赏心悦目来形容。外婆把笨拙的菜刀灵巧地上下挥舞，飞动的刀片仿佛翻飞的蝶翅，刀刀都险险地擦过手指，却永远不会削上去，闪着寒光的刀口吞吐着粉白的玉片，飞花溅玉地落入滚开的水中，晶莹的水花落到锅沿上，滋啦啦叫着滚回锅里去。

面虽要精揉细削，精华却全在汤中。外婆所用的汤料，不过是紫菜海米和葱姜蒜白之类，最多加一个鸡蛋，这一锅的鲜味儿就齐全了。滚滚地煮一会儿，热热地捞上来，再烧一大勺油花儿四散的面汤，画龙点睛般地点几滴香油，无上的美味热气腾腾地横空出世了。

抱着外婆家特大号儿的海碗，一路倒着手到屋里去，趁热呼啦啦地吞一气，那滋味儿，玉帝都坐不稳。

举着那碗面，吧唧着嘴去逗邻家的狗子，是我那时最爱做的事了。

做得多了，死没出息的狗子就哭起来，这时候，慈爱的外婆便叫狗子进来，要我分一半给他吃。我若高兴，便挑几根给他，若是心里烦，我就把碗抱在怀里，死也不松手。笑眯眯的外婆也只好另做一碗来。

现在想起来，在外婆家的那几年，大约是我这几十年的生活中最幸福的一段时光了。

随着我一天天地长大了，外婆却日渐苍老起来。她挺直的腰杆弯了下去，矫健的步伐也开始蹒跚，无法再时常做面给我吃了。我也渐渐懂事，不再缠着她要面吃。我不想看到她满头大汗地做面的样子，真的不想。

初中快毕业的时候，母亲要我回城去考高中。我不愿离开外婆，便处处躲着母亲。母亲无奈，只得叫外婆来劝我，外婆却一声不响，她佝偻着腰，一步一挪地去了厨房。

中午的时候，母亲喊我吃饭，我没有吱声，外公来叫，同样没有回答。直到外婆来了，我才磨蹭着走出门去。但我被惊呆了，我被桌子上满满的一锅面惊呆了。我回头看着外婆，外婆眼红红的。她捞了一大碗热气腾腾的面，细心地调上香油和醋，颤巍巍地递给我。

我无语，我知道外婆的意思，我只是低着头，大口地扒着面。饭后，母亲又小心翼翼地说要带我回去，我什么也没说。

回城的那一天，外婆拄着拐杖一直送我到村口。她死死地拉着我的手，丝毫不肯放松，外婆的手还是硬硬的，掌心却有些凉，不似以前的温暖。

班车来了，外婆猛地推开我的手，背过脸去。

我的泪早已蓄满眼眶，但我咬住了嘴唇，拼命地忍着。

车门打开了，我低着头冲上去，木然地坐在座位上，呆呆地看着自己的鞋尖。

车里空空的，像极了我的心。车子动了，飞滚的车轮将外婆远远地抛在后面。我再也无法忍受这感觉，急急地扭过头去。外婆的身影小小的，她挥着手，在脸上抹着什么。我的眼泪再也抑制不住，它自眼眶奔涌而出。

十几年过去了，外婆送我回城的情景，依然历历在目，记忆犹新。

去年春节，我去看外婆。得到消息的外婆早早便坐在村口的青石上等我，旁边站着我的小表弟，外婆的眼早已花了，她已看不清过往的行人。

看到我走出车门，小表弟拍着手叫外婆："姥姥，姥姥！表哥来了！"外婆颤颤地站起来，她拉住我的手，硬硬的手指去够我的头。

"俺家亮亮又长高了哩。"她咧开了空空的嘴。

外婆不知道，我已有很多年不长个儿了。她够不着我的头，只是因为她的腰越来越弯了。

我的心酸酸的。

到了家中，外婆放下拐杖就去做饭，谁也挡不住。不用说，她一定是去做刀削面了。幸好小姨已经把面做好，外婆只不过把面下到锅里，坐等面熟罢了。

好一会儿，被小表弟扶着的外婆才把面端到了屋里。"吃吧，孩子。"她把面递给我。

我吃了一口，愣住了，面是苦的。

外婆笑眯眯地说："听说你要来，俺一早儿就叫你姨做好了面。知道你口重，俺就多放了点盐。"外婆的手抖抖地指着柜子上的一个玻璃瓶。

我顺着外婆的手指望去，那哪里是什么盐，分明是满满的一瓶碱。

外婆真的老了！

我似乎应该说些什么，但我觉得我更应该保持沉默。

津津有味的，我把那面吃完。

心灵感悟

外婆做的刀削面的味道，淳朴而悠远，是我们共同的关于外婆的记忆，关于一位操劳一生的老人的记忆。

我们是一家人

　　我进中学那年就开始盼望独立，甚至跟母亲提出要在大房间中隔出一方天地，安个门，并在门上贴一张"闲人免进"的纸条。不用说，母亲坚决不同意，她最有力的话就是：我们是一家人。

　　当时，我在学校的交际圈不小，有位姓毛的圈内女生是个孤女，借居在婶婶家，但不在那儿搭伙，每月拿一笔救济金自己安排。我看她的那种单身生活很洒脱，常在小吃店买吃的，最主要的是有一种自己做主的豪气，这正是我最向往的。

　　也许我叙说这一切时的表情刺痛了母亲的心，她怪我身在福中不知福。我说为何不让我试试呢？见母亲摇头，我很伤心，干脆静坐示威，饿了一顿。母亲那时对我怀了一种复杂的情感，她认为我有叛逆倾向，所以也硬下心肠，准备让我碰壁，然后回心转意当个好女儿。当晚，母亲改变初衷，答应让我分伙一个月，我把母亲给我的钱分成30份，有了这个朴素的分配，我想就不会沦为挨饿。

　　刚开始那几天，我感觉好极了，买些面包、香肠独自吃着。进餐时还铺上餐巾，捧一本书，就像一个独立的女孩。家人在饭桌上吃饭，不时地看我。而且有了好菜，母亲也邀我去尝尝，但我一概婉拒。倒不是不领情，而是怕退一步，就会前功尽弃。

　　我还和姓毛的孤女一起去小吃店，对面而坐。虽吃些简单的面食，但周围都是大人，所以感觉到能和成年人平起平坐，心里还是充满那种自由的快乐。

　　这样当了半个来月单身贵族后，我忽然发现自己与家人没什么关系了。过去大家总在饭桌上说笑，现在，这些欢乐消失了，我仿佛只是个寄宿者。有时，我踏进家门，发现家人在饭桌上面面相觑，心里就会愣一愣，仿佛被抛弃了。

　　天气忽然冷下来，毛姓孤女患了重感冒，我也传染上了，头昏脑涨，牙还疼个没完没了，出了校门就奔回家。

　　家人正在灯下聚首，饭桌上是热气腾腾的排骨汤。母亲并不知道我还饿着，只顾忙碌着。这时候，我的泪水掉下来，深深地感觉到与亲人有隔阂、怄气，是何等的凄楚。我翻着书，把书竖起来挡住家人的视线，咬着牙，悄悄地吞食书包里那块隔夜的硬面包，心想：无论如何得挨过这一个月。

可惜，事违人愿，因为一件特殊的事，离一个月还剩3天，我身无分文了。我想问那孤女借，但她因为饥一顿、饱一顿，胃出了毛病，都没来学校。我只能向母亲开口借3天伙食费。可她对这一切保持沉默，只顾冷冷地看我。

被母亲拒绝是个周末。早晨我就断了食。喝了点开水，中午时感觉双膝发软。那时的周末，上午就放假了，我没有理由不回家，因为在街上闻到食物的香味，更觉得饥肠辘辘。推开房门，不由大吃一惊，母亲没去上班，正一碗一碗地往桌上端菜，家里香气四溢，仿佛要宴请什么贵宾。

母亲在我以往坐的位置上放了一副筷子，示意我可以坐到桌边吃饭。我犹豫着，感觉这样一来就成了可笑的话柄。母亲没有强拉，悄悄地递给我一只面包，说："你不愿意破例，就吃面包吧，只是别饿坏了。"

我接过面包，手无力地颤抖着，心里涌动着一种酸楚的感觉，不由想起母亲常说我们是一家人。那句话刻骨铭心，永世难忘。

事后我才知道，母亲那天没心思上班，请假在家，要帮助她的孩子走出困境。

当晚，一家人又在灯下共进晚餐，与亲人同心同德，就如沐浴在阳光下，松弛而又温暖。

如今，我早已真正另立门户，可时常会走很远的路回到母亲身边，一家人围坐在灯下吃一顿饭，饭菜虽朴素但心中充满温情——就因为我们是一家人。

心灵感悟

<u>人长大后都是要独立的，可家人和家却是永远的爱和永远的归宿。</u>

瞎子五爷

在我爷爷的诸多兄弟中，唯独瞎子五爷留给我的印象最深。

清明祭祖，我回乡给爷爷上坟。在一道沟里，大大小小的坟堆沿沟道排过去，像一个个土馒头，阴森森的。在这片坟场里，后继人丁兴旺的，子孙常来添土上香，墓自然大些；后继无人的，农民们等死人过了三周年便平了坟，种上庄稼。爷爷的坟堆很大，很气派，只是上边爬满了野草，还有几眼蛇鼠洞。我用土塞完那些洞，便踏着青青的麦苗走到五爷的坟前。五爷一辈子无儿无女，他的坟早已被人平了，种上了青青的麦苗。只是当年插在他坟头上的那枝招魂幡已长成一棵亭亭的大柳树，凭着这柳树，才知道他的葬身之地。

五爷年轻时，好打抱不平。

听叔伯们讲，当年，太爷爷好赌，家里的几十亩地全被他败光了。太爷爷最不喜欢那个好惹是生非的老五，于是便把他卖去当壮丁。几年之后，五爷却带着一身伤疤跑了回来，太爷爷虽然一肚子不高兴，但儿子能从战场上活着回来，却也甚感欣慰，便张罗着给儿子说一门亲事。邻村一女子喜爱五爷的性格，于是便定了亲。过门那天，家里宾客云集，人家吃酒谈笑。忽然，有村民慌张跑来说"一贯盗"进了村。"一贯盗"是这高原上的一股土匪，经常打家劫舍，横行乡里。听了这话，宾客一溜烟全跑了。听叔伯们讲，五爷很镇静，从炕洞里抽出一把马刀，不顾家里人阻拦，独自来到打麦场。那匪首自恃武艺高强，没想到三个回合下来便被五爷削掉了一只耳朵。十来个人呼啦啦拥着他逃跑了，临走放话要血洗村寨。

太爷爷扇了五爷几个耳光，却也怕土匪寻仇，连夜便将五爷打发出门，叫他能走多远就走多远。叔辈们讲的这故事或许是真的，因为五爷当年用过的那把马刀至今还藏在老家的阁楼上。

解放前的那一年，五爷又回来了，却瞎了双眼。听说是在西南的一场战役中，五爷他们班死守碉堡，对手猛攻不下，最后给里边扔了一捆炸弹，碉堡里的人除了五爷全死了，他身上虽然中了七八块弹片却保住性命，只是双眼被炸瞎了。等养好了伤，便被送回老家。

那时，太爷爷已死，再没人能管五爷。而他回来的第一件事便是打跑了仍独守空房多年的媳妇，村里人都骂他作孽，而我一个伯父却说他曾亲眼看到五爷背地里抹眼泪。

从此，五爷便一直独身。

1961年，同村和五爷一块儿上过战场的朋友，临死前把自己十几岁的儿子过继给五爷当养子。而五爷也便将这养子当亲子，好不容易将他养大成人，娶妻生子，养子的六个儿女全是五爷一手抱大。

虽然，五爷的眼睛瞎了那么多年，但脾气却一点不改。记得1975年的一天晚上，母亲搂着年龄还小的我睡到半夜，忽听到外边大喊救命，声音凄厉，吓得我们一动也不敢动。原来，我们队上的队长经常欺侮五爷瞎眼，给他送救济粮款时常克扣。那天晚上，那队长在队部下完棋后哼着小曲往回走，外边黑漆漆不见物，躲在黑暗中的五爷听着队长过来，朝着声音方向便打出一棍，一下子就把队长闷倒在地。第二天，公社来人就把五爷送进了"学习班"。

五爷的养子不孝，独立门户后便不再理他，五爷也不生气，便独自生活。眼睛盲了之后，他的听觉变得特别灵敏，别人一吭气，他就知道是谁，而且村里的大小巷道，谁家挨着谁家，他都记得清清楚楚，从不走错路。他会擀面，会烙锅盔馍。1988年，我回到家乡，那时五爷已经七十余岁了，但每天鸡叫三遍，他就会起身拄上拐杖到田野散步，所以他身板硬朗，气色也还不错，只是脸上的伤疤和深陷的眼眶让人害怕。

1990年，五爷死了。那是秋天的一个晚上，五爷心里烦乱，于是早早睡了。也怪，他屋里养的大公鸡在半夜莫名其妙地连叫三遍，五爷以为天亮了，就起身到田野散步。不知怎的，从来没有走错路的他竟惶惶懂懂地走到村西，掉到那个没水的旱涝地里。四周是土塄坎，喊也没人听见，他便向上爬，好似到了坡沿，不小心却又滚了下去，就晕了过去。等天亮人们发现了他，村里的医生给他推了几针葡萄糖，他醒了过来，向人们诉说这件事只觉得可笑。众人看着他吃完一碗玉米面糊糊和一个大蒸馍才放心离去。谁知过了三四天，仍不见他出门，大家便破门进去，发现五爷早已死了……

如今，我站着的柳树底下就是五爷的埋骨之处。五爷早已灰飞烟灭了，只是不知黄泉之下他的日子是否还像在人世那么凄凉。我想，以后清明、鬼节时我也应在那城市偏僻的十字路口烧些纸钱给他，但我竟不知道五爷的名字，而那不带名字的纸钱他又能否收得到？

心灵感悟

亭亭大柳树，青青禾麦苗，谁能想见，孕育着希望的庄稼下有一位老人的铮铮傲骨。

说到底，五爷是个传奇人物，沙场征战大难不死，单挑土匪镇静自若。

仅这两项经历，已给人留下无数想象的空间。当壮丁后，遇到了什么人什么事？为什么带着一身伤疤回来？应对土匪的胆识与武艺又是如何练就的？又是如何参与在西南的那场战役的？不得而知，但是，可以很确定地说，五爷身怀铮铮傲骨，不向世俗低头，是个汉子。

打过仗，斗过匪的五爷却又有柔情的一面，世人只知他打跑了独守空房的媳妇是作孽，又怎知五爷内心的悲痛。一个伯父说，曾亲眼看到五爷背地里抹眼泪。人都是害怕寂寞的，五爷却狠心地把自己推向寂寞的怀抱，为的是守护他付出太多的女子，因为他是个瞎子，他认为自己无法给人幸福，这是五爷的温柔。

养子无孝，五爷无怨，这是五爷的责任。他把战友的遗孤养大了，责任也就尽了，孝与不孝是养子的事，五爷做好自己的事就够了。五爷一直是个会过自己的生活的人，记性好，会为自己解气，做吃的，会照顾自己，只是看不见东西。一直是个很独立的人，一个很独立的老人，一个很独立的瞎老头。

所以，五爷以自己很特有的方式，莫名其妙地去了。

五爷看似凄凉的一生，能给我们留下这般深刻印象，也够了。

嗨，迈克

迈克得了一种罕见的病。他的脖子僵直，身体僵硬，肌肉一点一点地萎缩。他的病情越来越重，最后完全失去了自理能力。他只能坐在轮椅上，保持一种固定且怪异的姿势。他只有14岁，14岁的迈克认为自己迎来了老年。不仅因为他僵硬不便的身体，还因为，他的玩伴们，突然对他失去了兴趣。

母亲常常推着迈克，走出屋子。他们来到门口，来到阳光下，背对着一面墙。那墙上爬着稀零的藤，常常有一只壁虎在藤间快速或缓慢地穿爬。以前迈克常盯着那面墙和那只壁虎，他站在那里笑，手里握一根棒球棒。那时的迈克，健壮得像一头牛犊。可是现在，他只能坐在轮椅上，任母亲推着，穿过院子，来到门前，靠着那面墙，无聊且悲伤地看面前三三两两的行人。现在他看不到那面墙，僵硬的身体让那面墙总是伫立在他身后。

14岁的迈克曾经疯狂地喜欢诗歌。可是现在，他想，他没有权利喜欢上任何东西——他是一位垂死的老人，是这世间的一个累赘。

可是那天黄昏，突然，一切突然都发生了改变。

照例，母亲站在他的身后，扶着轮椅，捧一本书，给他读一个又一个故事。迈克静静地坐着，心中盈满悲伤。这时有一位美丽的女孩儿从他面前走过——那一刻，母亲停止了朗诵。迈克见过那女孩儿，她曾和自己就读同一所学校。只是打过照面，他们并不熟悉。迈克甚至不知道女孩儿的名字。可那女孩儿竟在他面前停下，看看他，看看身后的母亲。然后，他听到女孩儿清清脆脆地跟他打招呼："嗨，迈克！"

迈克愉快地笑了。他想，原来除了母亲，竟还有人记得他的名字。并且是这样一位可爱漂亮的女孩儿。

那天母亲给他读的是霍金。一位杰出的物理学家，一位身患卢伽雷氏症的强者。他的病情，远比迈克严重和可怕百倍。

那以后，每天，母亲都要推他来到门口，背对着那面墙，给他读故事或者诗歌。每天，都会有人在他面前停下，看看他，然后响亮清脆地跟他打招呼："嗨，迈克！"大多是熟人，偶尔，也有陌生人。迈克仍然不能动，仍然身体僵硬。可是他不再认为自己是一个累赘。因为有这么多人记得他，问候他。他想这世界并没有彻底将他忘却。他没有理由悲伤。

几年里，在母亲的帮助下，他读了很多书，写下很多诗。他用微弱的声音把诗读出，一旁的母亲帮他写下来。尽管身体不便，但他果真过得快乐且充实。后来他们搬了家，他和母亲永远告别了老宅和那面墙。再后来他的诗集得以出版——他的诗影响了很多人——他成了一位有名的诗人。再后来，母亲年纪大了，在一个黄昏，静静地离他而去。

很多年后的某一天，他突然想给母亲写一首诗，想给那老宅和那面墙写一首诗。于是，在别人的帮助下，他回到了老宅的门口。

那面墙还在。不同的是，现在那上面，爬满密密麻麻的青藤。

有人轻轻拨开那些藤，他看到，那墙上，留着几个用红色油漆写下的很大的字。那些字已经有些模糊，可他还是能够辨认出来，那是母亲的手迹：

嗨！迈克！

心灵感悟

别出心裁的谋篇，独具匠心的布局，出乎意料的结局，衬托出了一个母亲对儿子独特的爱。精心的呵护唤起了儿子的自尊，让他摆脱疾病带来的阴霾和失望，从而让他自立、自强，走向成功的人生。

我的妹妹

我知道我的朋友有一个妹妹，因为她经常到克里米亚来休假。但不知为什么，她从来不叫他谢尔盖，而叫他维克多。"这是怎么回事？"有一次我问他，于是我的朋友给我讲述了一段既动人又富于戏剧性的往事。

1941年秋天，那时他还是个15岁的小伙子，刚加入共青团就被疏散到大后方，同车后撤的还有扎波罗什地区一个集体农庄的财产。

他说："沿途经受了好几次轰炸，损失极其惨重。最后，命运之神把我送到了克拉斯诺沃茨克，是一辆塔吉克斯坦散装货运车把我们从马哈奇卡拉送来的。刚一下车，就看见街上一位妇女哭喊着向我奔跑过来：'维佳！维佳！我的孩子呀！……'我说：'我是谢尔盖，您认错人了。'可她还是把我当做维克多。旁边站着一位妇女，怀里抱着一个小女孩儿，她向我解释说：'您长得很像我们的维佳。我们是在一天夜里，在马特维耶夫山冈附近与他散失的。我们乘坐的军用列车遭到了轰炸，这事情发生在我们到达塔干罗格市之前。'

"当这两位妇女的情绪渐渐平静下来时，便要求我照一张相片给她们。她们既没有维佳的证件，也没有维佳的照片。无论是为了寻找他，还是为了纪念他，她们都一无凭据。但我必须跟着大人，怎么也不能够掉队。因而没有同意她们的要求……于是，那位抱小孩儿的妇女把我拉到一旁，作为最后的理由，她请求我说：'维克多已经死了，我和他坐在同一节车厢里，他的母亲是我的姐姐，她还不知道他已经离开人间了。请您满足我们的愿望吧。'

"我们找到了照相馆，摄影师咔嚓一声刚按完快门，我就跑了。从此以后，许多年过去了，我也忘记了这一段往事。可是，有一次，突然从家乡寄来了一封信。信上说：有一个叫安妮娅的妹妹在找你，我们把你的通信处给了她。很快我又收到一封加急信件，里面有一张信纸，令人奇怪的是，还有一张我的照片。信纸上那陌生的字迹写着：'我们把这张照片放大了，挂在家里。妈妈说这是我的哥哥维佳，我们应该把他找到。妈妈直到去世时都在等待着他。不久前，我的姨妈相继离开人世，在她的遗物中我找到了一张与我们家中那张一模一样的照片，但背面写的却是：谢尔盖·卡尔平柯，1941年于彼得罗夫卡。我找遍了整个彼得罗夫卡的每一个角落，好不容易才把您找到。请告诉我，您是不是我的哥哥？或者，您可能知道我哥哥的下落？'这时我才回想起了那段遥远的往事，并写了一封信告诉安妮娅说，在她还是个3岁的小女孩儿时，我便认识了她，但维佳已经离开人世了……然而，她有个哥哥，这就是我。从那时起，安妮娅就成了我的妹妹。"

心灵感悟

在这个世界上，最让人感动的亲情莫过于没有血缘关系的亲情，它不是与生俱来但又是自然而成的。

牧羊女

我亲爱的祖母——愿上帝祝福她——认为人人都应该劳动。刚才在饭桌上，她对我说："你一定要学会一样好手艺，用泥土、木材、五金或布料都可以，造出一些于人有益的东西来。一个年轻人绝不应该一样高贵的手艺都不会。你能制作些什么呢？你能做一张简单的桌子、一把椅子、一块小地毯、一把咖啡壶吗？这些东西里面你会制作其中的一件吗？"

我的祖母愤然地瞅着我。

"我知道，你自认为是一个作家，我料想你也是一个作家。你整天一个劲儿地抽烟，把房子弄得乌烟瘴气。但是你必须学会做些实实在在的事情，做些有用的事情，做些能看得到摸得着的事情。"

"有一个伊朗国王，"我祖母说，"他的儿子爱上了一个牧羊女。王子去找国王说，父王陛下，我爱上了一个牧羊女，我要娶她为妻。国王说，我是国王,你是我的儿子,我去世以后,你便是一国之君了,你怎么能娶一个牧羊女呢?王子说,父王陛下,我不知道我可不可以娶一个牧羊女,我只知道我爱这位姑娘,想娶她为我的王后。"

"国王感到他儿子对那位姑娘的爱情是上帝的意志。于是他说,好了,既然你这么爱她,非要娶她为妻,我也不阻拦你了。我这就派一位使者去告诉那位牧羊女,我儿子爱上她了,要娶她为妻。使者到了牧羊女家,转达了国王的旨意。那位姑娘说,他做什么工啊?使者说,什么?他是国王的儿子,他什么工也不做。姑娘说,他必须学会做工。那使者回到了国王跟前,把牧羊女说的话一五一十地报告给他。"

"国王对他儿子说,那位牧羊女希望你学门手艺,你还要娶她为妻吗?王子说,是的,我要学编织草席。于是王子就学习编织各式各样、各种颜色和图案的草席。三天后,他学会了编织草席,而且编织得非常精美。那使者带着王子编织的草席又去牧羊女家告诉她说,这些草席是国王的儿子编的。于是那位姑娘同使者一块儿到了王宫里,她成了王子的妻子。"

"一天,"我祖母说,"国王的儿子正在大街上走路,他发现一家非常雅致的餐馆,便走了进去,选了一张桌子坐下。"

"这家餐馆是一些强盗经常出没的地方,他们把王子抓走了,把他投进了一个很大的地牢,那里关押着许多城里的达官贵人。这帮杀人越货的强盗,把俘虏中的胖子宰了喂养瘦子,以此寻开心。俘虏中数王子最瘦弱。他们不知道他是波斯国王的儿子,所以他没有被杀。王子对那帮杀人强盗说,我是一个草编工,我编的草席价值连城。他们给他一些草,让他在三天之内编出来。王子很快就编完了三张草席,对那帮强盗说,把这些席子送到波斯国王的宫殿里去,每张席子国王会给你一百根金条的。"

"于是,草席运到了国王的宫殿里。当国王看见那三张草席时,他发现那些草席是他儿子编的。他把那三张草席带给牧羊女看,说,有人把这些草席运到皇宫里来了,这三张草席是我失踪的儿子编的。牧羊女拿起草席仔细察看每张草席的设计式样。她看到她丈夫用波斯文编下的求救信息,她把这信息告诉了国王。"

"国王立即派了很多士兵去强盗那里,"我祖母说,"救出了所有被监禁的人并杀死了所有的强盗。国王的儿子安全回到王宫里,回到小牧羊女他妻子的身边,当王子走进宫殿,与他妻子重逢时,他俯伏在她跟前,抱住她的脚说,亲爱的,完全是因为你我才能够活着!国王因此也非常疼爱这位牧羊女了。"

"现在你该明白了吧，"我祖母说，"为什么人人都要学会一门高贵的手艺?!"

"我非常明白，"我说，"等我挣了钱，买一把锯和一把锤子，我将尽我所能，打一把简单的椅子和一个书架。"

心灵感悟

人人都应该劳动。"你一定要学会一样好手艺"，"一个年轻人绝不应该一样高贵的手艺都不会。"祖母语重心长地叮嘱"我"要学会一门手艺，劝说"我"不要只会一个劲儿地抽烟，而要学会做些实实在在的事情，做些有用的事情，做些能看得到摸得着的事情。她讲述了这个牧羊女的故事。

祖母说这个故事的用意何在？我们能不看到她的苦心吗？"我"明白了她的用心良苦。她的叮嘱她的一片苦心最终让孙子醒悟，这是祖母爱的叮咛。

一个故事神奇得让"我"醒悟："我非常明白。等我挣了钱，买一把锯和一把锤子，我将尽我所能，打一把简单的椅子和一个书架。"祖母的叮咛有了一个响亮的回声，她能不高兴吗？

枣树林

一

上中学时，语文老师评点《项脊轩志》，长久地为那句"庭有枇杷树，吾妻死之年所手植也，今已亭亭如盖矣"而欷歔不已。我却毫不动容，像听笑话一样，看语文老师脸上乌云压城，滞雨尤云。老师姓甚名啥，现在一点儿也想不起了，倒是他那种因激动而鼓胀得几近失态的神情，牢牢地印在了我的心里。当时，我实在弄不明白，一篇古人的文章，何至于此？

年少轻狂，不识愁滋味，但我还是少年老成一般，很沧桑地由归有光家里的那棵枇杷树，而想起我家庭院里那棵枣树。当时，枣树还只是幼年。主干如我的手指大小,枝条瘦且长,遍布油亮的锐刺,高不及我的胸膛。

二

我家是在1986年盖起新砖瓦房的。为了这座典型江西民居——"一字形"新屋,父亲耗尽所有家财,以致与正屋相配套的厨房,不得不延至第二年才缓缓做起。厨房与正屋之间,相距约四五米,疏疏落落间,便形成一个雅致的庭院。

不知什么时候,父亲从外面盘来一颗小枣树,端端正正地栽植于庭院中间。空旷的小院,因这株幼年枣树,多了些烦恼:其一,是视线受阻,站在正屋耳门口,再也不能一无遮拦地看遍厨房的动静;其二,是夜行伤人,乡村的夜饭总捱到落满星光才开始,从正屋到厨房,从厨房到正屋,定要挨枣树而过的,摸黑走,难免不碰到枣树,这一碰,枣树枝丫上的枣刺,就是伤人的祖宗。几次伤人之后,母亲就闹着,要砍掉枣树。其实,母亲也只是说说泄愤而已,从未见她真动刀斧的。她说砍树,不过是帮我们消解划伤之苦痛罢了。最后就是,鸡刨浮土,满院满屋浮尘漫漫,于枣树而言,这亦为伤筋动骨的灾难。父亲见状,到远处的田畈里打来一些荆棘条,围着枣树兜铺了一圈,以阻止鸡们的寻欢作乐,减轻枣树的苦痛。

一日一日,幼年枣树,长高了,长粗了,枝丫漫漫,细叶点点,日午时分,庭院中间,也有了一圈清凉的枣荫。一个春天,忽然之间,枣树开出细小金黄的枣花,粉嘟嘟,晶晶亮,好像深藏着无数个金粉秘密。

枣树,我家的枣树,是真的长大了。

三

枣树,是我们村的标志树之一,另一标志树是柿树。两片树林,一前一后,将村子呵护着,像一双手合围成的爱心标志那样,煞是温暖。十里乡邻,谈及"陈坊"那个生养我的小村庄,几乎统一了口径似的:"唉呀,那个陈坊啊,就是长满了枣树和柿子树的村子吧!"柿树,是南方所特有的,身影遍布村前村后的每一处田塍地角,硕大一棵,荫泽四方。枣树,却绝对只是我们陈坊所独有的。

居城多年,北方大枣,也是我常买的水果之一,吃起来,比自家枣树出产的青枣味道好多了。凭我有限的植物学识,知道枣产于北方,而我们地处赣东丘陵的村子，何来如此多的枣树呢？查族谱，村子的两代光荣"将军"，让我有了追根溯源的欢悦。三百多年前，清顺治年间，陈坊出了第一个"将军"陈昊，他的"专业技术职称"是武举人，于济宁卫担任千总。那个不知是我第几代的爷爷，从山东盘来枣树，栽种在陈坊村的前庭。他一定是喜欢极了异乡的大枣，才如此不畏千里迢迢，甘愿百般呵护，移植一颗枣树。从故乡到异乡，从异乡到故乡，一个男人的生命两端，因一棵枣树完美联结起来。然而，北枣于南，水土差异甚大，难免不变种。陈坊的枣树，个个粒小青嫩，熟透的青枣，才如少女羞怯的脸，红红的一片，熟至极，也会开裂，像孩童开怀而笑的红唇。

乾隆年间，陈昊贤孙陈元勋抵达戎马生涯的顶峰，于江淮卫担任守备之职，统率清廷南方一系庞大水军。陈元勋把自己的爷爷安葬在青山碑，一处无枣树的荒寒之地。一个酷爱青枣的男人，不畏艰难的大汉，就这么远远地从后山打量生养自己的村庄，观赏一春一花繁、一秋一叶落的枣树。

枣树们亦是不忘南方重生之恩，一片一片，努力发迹。我不知道，枣树是落子生发，还是于根系重生，或是两者兼而有之。总之，前辈陈昊所手植的枣树，已蔚然成林。枣树们努力地长高长大，长到恩人陈昊的视野范围之内，而长眠于地下的他，能看到吗？

四

江南丘陵，田多，水丰，山少，林稀，有山也是包子似的小山，有林，也只是人过中年的疏发一般的小树林。在我们这里，马尾松林和杉树林占绝对优势，而枣树林，绝无仅有地只存在于陈坊村的地盘，是一大异类。

村前的枣树林，是每一个生长在这儿的人的童年欢乐之林。春赏花，夏躲阴，秋打枣，冬燃爆，无一不是快乐之源。

从陈昊爷爷那辈起，陈坊分成四房，之后，又裂变为上下屋，到我离开村庄时，已是近百户人家，由一独苗起，枝丫浩漫延伸，繁盛如春时的花瓣雨。一棵棵枣树，在一次次分家异之后，归属于一个个小家庭了。

三百多年来，枣树林延续着陈家香火，也繁衍陈氏荣光。

陈坊的败落和枣树林的荒疏，是从中国城市化浪潮之初开始的：第一代离开陈坊的人，是考上大学，被国家分配至城里，肩负知识分子的重任；第二代，是国家在农村招工，坐直通车从乡村到达城里，或做工，或为官；

第三代，是有经济头脑的村民，进城经商，富了一大片，他们在城里买地置屋，便再也不回村了；最后一代，也是釜底抽薪的一代，是浩浩荡荡，前赴后继的打工一族，他们一走，村里就显得十分寂寥。

现在的陈坊，除正月外，偌大一个村子，才寥寥几十人，而且只是老人、妇女和儿童。如果有人来抢劫，都没人能制伏；如果有老人仙逝，都没有足够的男丁将棺材抬出去。

欢乐无数年的枣树林，因缺乏人的光顾，独自花开独自落，粒粒熟枣，在秋风中寂寂地落下，抑或在鸟嘴里完成来世今生的轮回。

历来，陈坊枣树都是因人而丰盈含笑的啊。而今，寂寞，成了它们命定的悲剧。

五

父亲在庭院里栽植那棵枣树后5年，于一个寒寂的春夜，溘然长逝。他还没来得及吃上自己亲植的枣树长出的青枣，还没来得及看见自己的儿子走出乡村，还没来得及……就把自己奔波的脚步停滞在57岁的那一年。

人走了，我家的那棵枣树却不曾停止自己生长的步伐，开花结果，年复一年。母亲在乡下的时候，每次都会将打下的枣，蒸好，摊在小竹篝上，再移到秋日的太阳底下晒成枣干。每次回家，母亲都会包一包枣干，让我带到城里。

后来，母亲也进城，与我们同住，家屋就彻底空了。那棵枣树唯有与风雨为伴，寂然走过我少日夜晨昏。

前年清明，我一个人推开正屋的耳门，但见艾蒿等诸多杂草。长及枣树的半树腰，能将五尺男儿淹没。看那枣树，我仿佛看见自己的父亲在荒草堆里安眠，往事历历，泪就那么无声地滑落。

今年过年，一个人回了一趟陈坊，在那棵枣树旁边，已长出了十几株一尺来高的幼苗。孤独多年的枣树。终于，儿孙满堂，热闹非凡了。

曾经，这棵枣树也是这么大，这么稚嫩的，如今，它"已亭亭如盖矣"。归有光的愁绪，穿越时空，终于撞进我的心胸，让我面对枣树林，沉在一个人的孤独中，思绪万千。

六

这片幼林，是枣儿撒欢的天堂，在我看来，却是芜杂与荒寒。满目落子成株的枣苗林，在风里拔节，在雨里抽枝，由眼入心，粒粒尽是无人来扰的幽静。

老家空院里，新成的枣树林，枝枝丫丫，在春风里飘摇，摇尽一个家庭的起落，摇出一个村庄的荣枯。

心灵感悟

枣树林，是一个家族的演变的见证，也是中国农村巨变的注解。通过这片枣树林，我们看到了一个人，看到了一个家庭，也看到了整个家族在社会上的起起落落。

只有你才能欣赏我

第一次参加家长会，幼儿园的老师说："你的儿子有多动症，在板凳上连三分钟都坐不了，您最好带他去看看。"

回家的路上，儿子问她老师都说了些什么，她鼻子一酸，差点流下眼泪来。因为全班三十多位小朋友，唯有他表现最差；唯有对他，老师表现出不屑。然而她还是告诉儿子："老师表扬你了，说宝宝原来在板凳上坐不了一分钟，现在能坐三分钟了。其他的妈妈都非常羡慕妈妈，因为全班只有宝宝进步了。"

那天晚上，她儿子破天荒地吃了两碗米饭，并且没让她喂。

儿子上小学了。家长会上，老师说："全班五十名同学，这次数学考试，你儿子排第四十名，我们怀疑他智力上有障碍，您最好能带他去医院查查。"

回去的路上，她流下了泪。然而，当她回到家里，却对坐在桌前的儿子说："老师对你充满信心。他说了，你并不是个笨孩子，只要能细心些，就会超过你的同桌，这次你的同桌排在第二十一名。"

说这话时，她发现，儿子暗淡的眼神一下子充满了神采，沮丧的脸也一下子舒展开来。她甚至发现，儿子温顺得让她吃惊，好像长大了许多。第二天上学，去得比平时都要早。

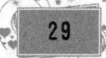

孩子上了初中，又一次家长会。她坐在儿子的座位上，等着老师点她儿子的名字，因为每次家长会议，她儿子的名字在差生的行列中总被点到。然而，这次出乎她的预料，直到结束，都没点到。她有些不习惯。临别，去问老师，老师告诉她："按你儿子现在的成绩，考重点高中有点危险。"

她怀着惊喜的心情走出校门，此时她发现儿子正在等她。路上她扶着儿子的肩膀，心里有一种说不出的甜蜜，她告诉儿子："班主任对你非常满意，他说了，只要你努力，很有希望考上重点中学。"

高中毕业了。第一批大学录取通知书下达时，学校打电话让她儿子去学校一趟。她有一种预感，她儿子被清华录取了，因为在报考时，她给儿子说过，她相信他有能力考取这所学校。

她儿子从学校里回来，把一封印有清华大学招生办公室的特快专递交到她的手里，突然转身跑到自己的房间里哭了起来。边哭边说："妈妈，我知道我不是个聪明的孩子，只有你能欣赏我……"

这时，她悲喜交加，再也按捺不住十几年来的泪水，任它打落在手中的信封上。

心灵感悟

母亲把她的深爱化为欣赏，深深感染了儿子，成为儿子进步的巨大推动力。每一次母亲对儿子说完话后，儿子的动作和神情都有很大的变化。第一次破天荒地吃了两碗饭；第二次眼神一下子充满了神采，去学校比平时都要早；第三次跑到房间里哭。这三次都没有直接描写儿子的内心感受，但读者却可以从这些小小的动作中体味到儿子心里的感受……

确实，一句话可以改变一个人的一生。

风中跌倒不为风

路过乡间一座三合院，看见一个孩子正在放声痛哭，妈妈心疼地在旁边安慰。

妈妈一手慈爱地搂着孩子,一手用力地拍地板,对孩子说:"哎呀!就是这个土脚不平,害阮宝贝仔辉扑倒,妈妈替你拍土脚,哎呀!"

妈妈拍地的动作非常滑稽夸张,使那哭闹不停的孩子也忍不住破涕为笑了。

我站在一旁看着这一幕,心里感到十分温馨,想到从前我的妈妈也曾经如此安慰过我。

不只是我的妈妈,从前乡间的父母几乎都是这样安慰孩子。

跑的时候被树枝绊倒了,就把树枝折断,就说:"坏树枝!怎么可以绊倒我的好孩子。"

走路不小心跌倒了,就打骂土地,就说;"死土地,怎么可以害我的乖儿子跌倒。"

甚至完全没有原因跌倒,找不到什么东西可以责备,就骂风,说:"都是风吹得太凶,才让我的心肝仔跌倒。"

我们小时候都会信以为真,以为跌倒是因为风、土地或树枝的缘故,我们也会像父母亲一样,找借口来安慰自己,很少想到自己走路不小心。

记得有一次,我在门口庭前跑步。

不小心摔了一跤,头破血流。妈妈从灶间跑出来,左看右看,找不到可以打骂的东西,因为庭前的土地非常平,既没有树,也没有小石子。

妈妈怔了好长一段时间,我已经站起来了,她还怔在那里,手里拿着一支锅铲,样子有点滑稽。

妈妈看我望着她,以为我要哭出来,突然大声地骂天:"都是那么恶的风,吹得阮阿云仔扑倒!"

我抚着自己头上的伤口,对妈妈说:"妈,不是因为风,是我自己不小心扑倒的。"

那时,庭前确实只有灿烂的阳光,一丝风也无。

妈妈这时笑得像阳光一样灿烂,过来检视我的伤口,欣慰地说:"你大汉了!"

妈妈的意思是我长大了,可以承认自己的错误与失败。

当我们发现,不论任何形式的跌倒,都是由于自己的不小心,而不是

第一篇 ◆ 你在伞里吗

去找借口，这时我们就长大了。

我们在情感与姻缘上跌倒的时候，也像孩子时一样，即使土地不平、荆棘横路、风狂雨暴，都不应该是我们跌倒的借口。最应该检视的是我们的心，去勇于承担错误与失败。

孩子的跌倒顶多是皮肉受伤，姻缘的挫败也顶多是锥心刺骨，并不会伤到情感的本质，因此，一个人不应该在爱中受伤，就失去爱的勇气，一个人也不应该因为爱的痛苦，就失去承担的心。

要寻找到生命最内在的本质，是不能有任何借口的，但我们还有借口，本质就不会显露出来。

我对自己过去情感的受伤，姻缘的挫败也没有任何借口，这都是我生命的必然之路。我也愿坦然承担任何批评，并把这些批评当成石阶，走向更高的位置来回看自己的人生。

在风中跌倒，在爱中流泪，这都是人生不可避免的旅程，都能学习到更广大的胸怀，都能不失去真爱的勇气、美好的追求，一切的挫折不也都有深刻的意义吗？我站着看那拍打土地安慰孩子的母亲的图像，一面忆起往事，一面想到我们的人生可能永无平静之日，但我们要使心安宁，只在当下的念头之间。

心灵感悟

《风中跌倒不为风》通过日常生活中一件极为普遍常见的事情来描绘出母亲对孩子的爱。

谁解天下父母心！

我们应有的态度是，在哪里跌倒，就应当在哪里找到勇气站起来。正如文中所说的："要寻找到生命最内在的本质，是不能有任何借口的，当我们还有借口，本质就不会显现出来。"人最脆弱的不就是这点吗？在跌倒后不肯承认，不敢面对，到处找借口。这是人生的悲哀，也是现代人共有的劣根性。在人生的旅途中，有许许多多的不可避免的挫折，为什么我们不能以最原始（孩子时）的态度来面对呢？这是因为社会有太多的人情世故。人长大了，也学会了从不同的角度看问题，但不管怎样看，有一点是必须永远保持的——别埋怨什么，学会从自身找原因。

姐姐，你是我第一个在雨里等候的女生

一

  我不是一个自私自利的孩子，至少不全是。但是我实在是不喜欢于庚糠。我讨厌他的成绩老是那么优秀，我讨厌大家的眼光都集中在他身上，我讨厌有大帮女孩子围着他转。所以我把他的奖状撕烂，我把他的大苹果换成我的小苹果，我用粉笔在他光光的头上乱涂乱画，我把橡皮包在糖纸里给他吃。

  为此我更加被责骂，为此我更加不喜欢他。

  那时候我13岁，于庚糠10岁。

  爸爸妈妈要加班。我第一次被允许周末可以到郊外的姥姥家去玩，但条件是必须带上于庚糠。为了可以吃到外婆用沙罐熬的肉粥和可以与一大帮野孩子到田野里捉迷藏，我违心地带上了他，还答应要把他照顾得好好的。

  可是下车的时候我就把妈妈给他的钱抢了过来，还恶狠狠地恐吓他不准告诉妈妈。

  我提前一站下了车，我在小路上走得飞快，我故意不等他，然后我看见他跌倒在路上，我会开心地哈哈大笑。然后我一直走一直走，可是等我快走到姥姥家的时候再回头，他不见了。

  我赶忙回过头去找他。可是我找遍了整条路都找不到。天渐渐地黑下来，田野里一个人都没有，我号啕大哭，又惊又怕地蹒跚着回到外婆家，一进门就看见他坐在地上咧着嘴对我笑，我冲过去拼命拧他："看你还敢乱跑，看你还敢乱跑……"

  但他不哭，也不跟妈妈告状。

  于庚糠是我弟弟。

二

  我一直以为爸爸妈妈是不爱我的。他们会在有客人的时候表扬于庚糠而不表扬我，他们会在吃饭的时候给于庚糠夹菜而把我晾在一边，尽管我

第一篇 ◆ 你在伞里吗

一直很努力很努力地表现自己。

所以我把对父母的不满全都撒在了于庚糠身上。我抢他的零食和画笔，一直到他长得比我高，我自认为打不过他了为止。可是他还是会让着我，有什么好东西会跑到我的床边："姐姐，你要不要？"而我总是嗤之以鼻不屑一顾，然后趁他不注意或者睡着的时候偷偷拿过来。

妈妈发现后会骂我。我就会说是他自己不要让给我的，而他则不说话，盯着我看。

我上初二的时候他上五年级。他每次放学都会等我一起回家。有一天，我故意从后门溜了，欢天喜地地往家赶，可是在路口一个骑自行车的中年妇女从拐角杀出来撞倒了我。我疼得坐在地上直掉眼泪，可是她却抓住我不放，说我把她的车把撞歪了……

围观的人越来越多，我委屈得什么话都说不出来。在我低着头搓自己的衣角茫然不知所措的时候，于庚糠冲到我的身前，护住我："不准欺负我姐姐。"

然后他转过头，用手擦我脸上的泪，说："姐姐，我们回家。"

回家的路上，我拖住于庚糠的手，他抬起头看我："姐姐，你平时对我那么厉害，现在怎么让别人欺负呢？不过你别怕，我以后保护你。"

我的眼泪又掉下来，我看到他的脸红红的。

那是我第一次牵他的手。

三

他跟在我屁股后面一直到我考上另外一所学校念高中。可是就当我觉得少了什么开始思念起他的时候，又一件让人难堪的事发生了。

我在学校上到第四节课的时候，窗外开始下起瓢泼大雨。我走出校门，看到校门口黑压压站了好多家长。我睁大眼睛，可是怎么也没有看到属于我的身影。雨很大，很多同学都站在门口。我站在人群中，看着连绵不绝的雨，知道爸妈是不会来接我了，我一咬牙冲进了雨里。

回到家，妈妈一边给我递上热毛巾，一边埋怨："这么大的人了，也不知道等雨停了再回来。"我换完衣服出来的时候，看见正在开门的爸爸和手上举着两把伞的于庚糠。于庚糠很惊讶地问我："姐姐，没有人给你送伞？"我一股怨气冲上来："你少假惺惺！他们什么时候关心过我？以前我们是在一个学校，现在不在一起了谁会管我的死活？"

大家看着我，都呆了，一向在家里对父母毕恭毕敬的我第一次这么大声地说话，我干脆一口气吼出来："从小到大，你们什么时候关心过我的感受？什么事都以他为中心。什么东西都给他最好的。可是我要的只是和其他同学一样——只是想下雨的时候有个人接我回家。我要的只是一场雨，还有雨中等我的属于我的身影。可是你们都不给我！"

说完我就冲回了房里。

四

从此以后，我开始不断地努力。我一定要比于庚糠优秀，我要彻底改变爸爸妈妈的看法，我要让他们为对我不好而后悔。而后来下雨的日子里，校门口多了一个等我的身影——姥姥。高三那一年，为了更好地准备考试，我住进了学校。我没怎么回家。而一个春寒料峭的清晨，我却突然发现妈妈站在了教室外面。姥姥去世了——脑血栓。

我坚持要捧着姥姥的骨灰盒上山。很长的送葬队伍，我和于庚糠走在队伍的最前面。山路陡峭，他好几次要帮我拿手上的骨灰盒都被我拒绝了。姥姥是对我最好的人，我怎么能连送她一程都不送到底？姥姥的坟前，我长跪不起，暗暗发誓要考一所好的大学。

下山的时候，突然觉得身上很温暖，而山风刺骨，我转过头，于庚糠把他的衣服披在了我身上。我要拿下，他按住我："姐姐，我不冷。"

流火的夏天，我考上城里数一数二的大学。

放榜的那一天，妈妈邀了好多人来家里庆贺。我感动极了。我跟妈妈说，以前是我不懂事，让你们费心了。妈妈看着我："终于是大孩子了，以后别再欺负你弟弟。"我不好意思地低头，看着和爸爸他们在一起的于庚糠，他已经是大孩子了。

在一旁的姨妈插话："姐姐是没有弟弟受宠的。可是弟弟倒懂得对姐姐好，还叫姥姥每次送伞给你。我看，你们俩该换过来。"

然后他们哈哈大笑。

五

我没有再牵过他的手，已经有很多女生喜欢他了。但是从姥姥去世以后，我们一直很好很好，我还问有没有女生喜欢他，告诫他一定不能荒废学业，最起码也得考上大学再说。

惜缘——相遇是最美丽的奇迹

青春励志

他果然没有辜负我的期望。

得到他考上大学的消息我急急忙忙往家赶的时候，天上正飘着毛毛细雨，我抱着书本冲出校门，看到于庚糠正站在校门对面等我。

他走过来，很高很帅的样子，说："姐姐，这是我第一次在雨里等女生。"

我看着他。想起那个以前我在他头上画乌龟的小男生；想起走到我床边问我要不要好东西的小男生；想起挡在我前面说要保护我的小男生；想起在山路上给我披衣服的小男生。

我对他笑："瞧你，都快把我感动得哭了。"

其实我已经哭了。

心灵感悟

其实这是一个让我们笑着流泪、流着泪笑的故事，这一切的感受都因为也都来自一对姐弟，一对关系有些颠倒的姐弟。从小到大，做姐姐的总在欺负弟弟，不是一次，而是一直。可是弟弟总在受欺负之后睁着大眼睛看着姐姐，他可能会疑惑，可能会委屈，但是，弟弟一直没向妈妈告姐姐的状，甚至，在一次姐姐被别人欺负的时候，他展示了男子汉应该表现出的勇气。

这对姐弟就这么成长着，有开心，有快乐，但更多的是姐弟之间的情谊。无论姐姐怎样的不平，无论弟弟怎样默默为姐姐付出，一切都在酸酸甜甜地进行。直到有一天，弟弟又高又帅了，姐姐已经是个名牌大学的学生了，他们用惯有的幽默重归于好。弟弟说："姐姐，这是我第一次在雨里等女生。"姐姐哭了。

今年桂花不飘香

从有记忆以来，家里的院子里就有一棵桂花树，每年秋天一到，整个院子就会飘起阵阵淡香。

记得小时候的一个画面就是公公老爱站在树下拎着一杯水在那儿漱口，然后口里念念有词地不知道说些什么，我老以为那棵树会跟他聊天。

我是跟着祖父母长大的。毋庸置疑，我就是家里的小祖宗。由于公公是一位将军，家里的副官更封我为"将军的将军"。由此可知我那一生在战场出生入死的公公，是如何地拿我无可奈何。

有一年，一位李先生到一些老朋友家拜会，碰巧我放学回家看到一堆黑车子离开家的巷子，我跑回家问副官又是谁来了？然后看到桌上一个牛皮纸袋，我二话不说就拆开来，还没来得及看清楚内容为何，就听到一声雷声响起，公公大发雷霆地斥责我的行为。我以为他是骂我乱拆他的东西，没想到他竟然说我把他的牛皮纸袋拆坏了，那个袋子是可以再使用的。然后就一阵什么浪费国家资源啦，不爱惜东西等的名号全给我套上。我备感委屈地哭了起来，不就一个破纸袋嘛，他说得好像犯下滔天大罪！我不只哭，还从楼下哭到楼上给我婆婆听，再从楼上哭到楼下的房间，然后再遵照8点档的剧本，把房门反锁起来。公公骂得越大声，我就哭得越歇斯底里。当时大概整条巷子都被我们祖孙的二重奏给淹没了。之后慢慢地声音小了，我把耳朵挨着门板朝外听，屏息间听到公公走近我的房门，故作轻松地说："袋子里头不就一张照片嘛，有什么好看的？那么丑！要就给你嘛！何必把我的袋子给拆坏了呢？"说毕，我就瞧见一张8开大的纸从门缝底下给塞了进来，上面写着：

××同志惠存，××敬上。

公公16岁就进了军校，之后在战场上与日本军兵刃相见，几度死里逃生，可以说一生都奉献给了国家。老来过着半退休的生活，也仍是一副与俗世无争的气魄。

如果你问他最喜欢的歌是什么？他可能会回答你他唯一知道的一首通俗歌《绿岛小夜曲》。如果问他会唱什么歌？那他一定毫不思索地回答你《黄埔军校校歌》。而这种耿介几近可爱的个性，也会表现在一些不那么恰当的场合。只要是任何婚丧喜庆要找他致辞，他一定可以跟民族大义扯上关系。我常常觉得，那一对对的新人一定搞不懂他们两个人结婚跟国家的前途有什么关系？就像我每一次去大陆拍戏，离家前跟他辞行，他一定会语重心长地叮咛："这一趟你去大陆，是身负重任，两岸的和平就全靠你了！"听罢我总要尴尬地跟祖母扮个鬼脸。可是现在回想起来，除了他们那一代的军人，又有谁会如此时刻胸怀忧国忧民的使命呢？

我从来没有想过公公也会有老的一天。曾几何时他不太大声说话了，连路都开始懒得走，坐在那一张椅子上，一坐就是一天。慢慢地连饭也不肯自己吃了。看着他如此气若游丝，我唯一能做的就是跑到他跟前逗他，要他猜我是刘若玉还是刘若英？然后逼他说他最爱的就是我……早些年我在外头受了委屈，我就靠在他胸前，撒娇地跟他告状说有人欺负我，然后要他拿枪替我毙了他们！他会含含糊糊地回答说："好！好！好！"可是后来，他的眼睛只看着远方，嘴里念的常只是一些大陆老家的人、事、物；再后来干脆完全不说话了。

身体虚弱的公公进进出出医院好几回，直到那一天我正在参加舞台剧记者会的当儿，接到消息说医生送他进了加护病房。当我再见到他时，他的全身已经插满了管子。第一次，我听到医生对我说"过几天就可以出院了"；第一次，我听到医生对我说"如果可能的话，家属请不要离开医院，怕通知不及"；第一次，我听到祖母用一种几近哽咽的语气求医生，希望至少能撑到儿孙到齐；也是第一次，第一次我感觉到公公会永远地离开我。

在加护病房的那几个夜晚和白天，我仍然需要工作，我随身带着移动电话，每到一个地方就急着确定电话一定收得到。每一次铃声一响起，我的心跳就几乎要同步停止，一直要到对方的声音正常地出现我才能回过神来。每次收工冲到医院，看到祖母还坐在外头念经，我才能感受到自己还在正常地呼吸。

漫漫的长夜或是跟祖母一起祷告，或是回忆公公的点点滴滴。等到加护病房会客时间一到，我们才能进去看他。每次进去，围在他身旁一堆荧屏上的数字就掉落一点儿。那一点点，就如我的心被刮掉一块般。祖母不是握着公公的手，就是摸着他的头，轻轻地跟他说话，要他安心，然后在他旁边为他念经。有时候公公像是听懂了似的，看着祖母点了点头，有时还不自主地流下泪来。我不懂祖母哪来这么大的力量可以承受这一个与她生活了半个世纪的男人即将要离去的事实。祖母要我给他唱歌，我依偎在他耳朵旁唱《绿岛小夜曲》，却怎么也唱不准音。他倒也像是喜欢地点了点头。我扑在他的身上哭了起来，第一次，他没有话语安慰我……

就在那几天中，家里人告诉我，院子里的那棵桂花树，那棵跟我公公聊了一辈子天的桂花树枯死了。

1998年8月22日上午11点多，他终于不愿意再跟机器作战了。荧屏的画面归零。

过了几天，在替公公整理东西的时候，发现了一个用过的牛皮纸袋，上头写着"刘若英小朋友收"。旁边公公还用毛笔附加写上"代若英孙女保存之邮票一九七一年"。我都忘了自己曾经收集过邮票。打开来看，全是一些完完整整一套一套的旧邮票，还有几张我在读幼稚园时老师发的只有手掌般大的，上头印着"奖"的纸片。所以将军公公毕竟不是无时无刻只有民族大义，孙女也是很宝贝的。望着这几个简单的毛笔字，我仿佛无意窥见他坚毅躯壳里那柔情的心灵。而牛皮纸袋，每一个珍惜使用的纸袋，原来可用来包装他无微不至的心意。

我带着这份再珍贵不过的牛皮纸袋走出门，看见那棵确已枯掉的桂花树，竟闻到扑鼻的桂花香。只是，今年满溢的香气不再出自院子的桂花树，而是从更深更远的地方飘过来，穿过千山万水，从我公公所在的地方飘过来。

心灵感悟

一位将军公公，用他的方式关爱着自己的晚辈。公公的那些宠爱，看似没有原则。但实际上，从公公喜欢听的那首歌里，从公公的言谈举止中，却无不显示着一位老军人的原则。当文中的"我"还在因为撕破牛皮纸信封遭到公公训斥而拼命哭泣时，没想到，公公却悄悄进行着为"我"而做的收藏。当多年后，"我"终于明白了公公的良苦用心后，才恍然大悟，原来那个看起来毫不起眼的信封，公公早就安排下了最好的用途。院子里的桂花树虽然伴着公公的去世而枯萎凋零了，但有一种叫亲情的花香，却时刻缠绕在"我"的左右，这种温暖的花香，也将会伴随"我"的一生。

樱花常开亲情永在

爷爷在台湾中部家乡苗栗有片山坡地，山坡下有条溪流，溪水寒凉清澈，溪边矗立着两棵高大的山樱。每年樱花盛开时节，爷爷总会在腰间绑把剪刀，小心攀上树干，剪下几株枝芽抱回家插养在瓶子里，满屋清香，就像迎来了春天。

十多年前，爷爷得了肝癌，身体一直虚弱无力。因此，家里再也没有美丽的樱花绽放了。

爷爷和奶奶生了六个女儿，假日，姑姑们总是轮流带孩子回来看望二老。每当她们准备离去，就会见到爷爷奶奶把一袋一袋的蔬菜水果往姑姑的车子上搬。这是爷爷奶奶长久以来的习惯，对拙于言辞的老一辈人来说，赠与食物也许是对子女表露情感的另一种方式吧。

有一年春节，爷爷最爱的小女儿举家从荷兰搬回台湾。小姑姑带着家人回娘家过年，其间爷爷与她交谈不多。爷爷的个性外冷内热，总是一副严肃的脸孔。

小姑姑一家准备回台北那天，奶奶一大早就忙着张罗各种东西，要姑丈搬到车里去。车子即将发动的时候，小姑姑突然从行李箱里取出一束粉红樱花，嚷道："东西太多，放不下了，花就不拿了。"原来，爷爷那天早晨不见踪影，却是到山上摘花去了。爷爷并没说什么，只是点点头把花接了过来，弃置在墙角。

那一年我才升上中学，对于成人世界的情感没多少领会，只记得那束樱花包扎得很周到，根部绑着湿棉团，想是为了延长花朵的寿命吧。

两年后，爷爷过世。我自己长大后也开始像姑姑从前那样，每次回娘家都从爸妈手上接收大包小包的食物。

后来，我随先生调职到北部。三年前我刚怀孕的时候，有天寒流来袭。傍晚我接到爸爸的电话，说是随公司出来旅行，晚上在台北落脚，要我们下班后到饭店去找他。我当时害喜很严重，心里不禁有股不情愿的感觉。

和爸爸约好晚上8点钟在饭店大厅见面。寒流带来细雨，街上又湿又冷，我们一路塞车，等到终于把车停好，早已过了和爸爸约定的时间。我们赶快走向饭店，远远就看见爸爸站在饭店门外，手上提着个袋子。

"爸！等很久了吧？怎么不在大厅里等，却站在外头吹冷风？"我的语气带着一点埋怨。

"饭店人太多，怕你们找不到我。喏，这个给你。"

"家里还好吗？"我先生问，同时接过爸爸手中的袋子。

"大家都好，倒是你俩住在台北，凡事要自己小心。好啦，天气冷，你们快点儿回去吧。"爸说完，催促我们回到车上。

车子发动后，爸爸才转身走回饭店。我望着他身上单薄的衬衫，一股热气蹿上心头。

打开塑料袋，只见里头有几个小包，用报纸密密实实地包好。撕开报纸一看，原来是梅子。我拿起一颗放入口中，酸意漾开。这是爸爸专程为我送来的止吐食物！

泪水渐渐模糊了眼睛，记忆中的那束樱花和这梅子交错在一起。这一刻我才明白，爷爷借着那粉红的花朵诉说着他内心深沉的情感，那束樱花蕴藏着的深厚情感，就如同父亲对我的关爱。

爷爷早已过世，再多的泪水也填补不了他内心有过的遗憾。庆幸的是上天让我及时体会这深挚内敛的情感。让我仍有足够的时间回报这份感情。

现在先生和我已搬到南部居住。假日我们总会带着女儿回山城去陪陪父母，分享他们的欢乐。然后呢，当然是在哥哥半开玩笑地大喊"女儿贼、女儿贼"时，我毫无愧色地把梨子、豆子……搬上车。因为我知道，贵重的不是食物本身，而是它所传递的父母疼爱子女之情。

哥哥形容得贴切——"女儿贼"。我们偷的何止是食物！还有珍贵的父母心呢！

心灵感悟

这篇文章写到了两件看似毫无联系的小事：其一是爷爷送给小姑姑的那束樱花；其二是父亲在寒风中苦等多时后，带给"我"的一袋梅子。两件小事却有着共同的特征，说的都是父亲对儿女的情感。这两位父亲的情感都讷于表达，深藏在心中，但却一样透出深沉的父爱。随手从山上采来的樱花和一袋梅子，都不是什么贵重的物品，但因为负载了父亲的情感和爱，它们也变得无比珍贵。读懂了梅子和樱花含义的"我"，也同时领悟了"可怜天下父母心"的古语的真谛。我想，临别时，满心欢喜地接过父亲准备好的东西，也该是对父爱最好的一种领会和回报吧！

你在伞里吗

雨渐渐大起来，自行车后座上的女儿，小脸紧贴着我的后背，右手穿过我的胳肢窝，擎着她那把橘红的小伞举在我的头顶上方。雨砸在伞顶上，嘭嘭直响。有风，车子骑得有些发紧，那小伞也忽嗒忽嗒不甚听话，但女儿努力地擎着它，我能感觉到她的小手很吃力。

"你在伞里吗？"我问。

"在！"

青春励志

惜缘
——相遇是最美丽的奇迹

女儿的回答响亮而干脆,那语气里的阳光,穿过这晦暗的雨幕感染着我的心。女儿今天是太高兴了——期中会考,她语文、数学都得了100分,按照考前的承诺,我要请她吃一顿肯德基。

女儿左手攥着的纸袋里此刻就装着她小小的愿望,热乎乎的,与她热乎乎的小脸一起紧贴着我的后背。每当车子一颠一颠,女儿的小脸和那纸袋就与我的背脊若即若离,那温暖也就一阵一阵——可就是这一阵一阵的温暖,让我寒雨里的心一阵阵战栗!

肯德基的店铺在这个城市里随处可见,但我的女儿却对肯德基一直保持着向往与好奇。去年她生日那天,我第一次带她去了麦当劳,她用薯条蘸着番茄酱,放进嘴里小心翼翼地嚼,那满足的眼神让我几乎不敢面对……为了自己的梦想,我辞职来到这座城市快两年了,我不得不节俭用血汗换来的每一分钱,以应付房租、伙食以及女儿不菲的借读费。小小的女儿,便也常常受我所累,一些小小的愿望有时都难以实现……

雨没停,风也没停,而我们离租住的小屋还很远。我把胳肢窝里的女儿的小手夹得紧一些,想让她省些力气。

"你在伞里吗?"我再一次问。

"在!"她回答得响亮而干脆。

到家了,我用腿撑着车,腾出左手抓住伞柄,好让女儿抽出手来。当我转脸的刹那,我呆住了——女儿几乎全身湿透,但她微笑着,把那个纸袋紧紧地抱在胸前:"它没湿,还热着呢!"

泪水和着雨水,一瞬间打湿了我的脸……

心灵感悟

雨水与泪水见证了一个父亲的辛酸与感动。"你在伞里吗?""在!"一问一答构筑了一幅绝妙的亲子图。读了本文,让我们感动于父爱的多味和女儿的阳光。是啊,爱本无关乎钞票,温暖无关乎财富。

绝笔

一切就绪,我铺开斗方红纸,准备书写那条过街横幅。

五叔来了,五叔是到镇上来买化肥的。五叔是个书法迷,每回到镇上来，都要和我这个在政府衙门当秘书的侄儿坐坐，大谈出道。大凡这种时候，我便只有提壶续水，洗耳恭听的份儿。要知道，五叔不单是我的五叔，也算是我的书法启蒙老师。在我的记忆中，五叔的字最好。虽然我已多年不见五叔写字，就冲他读书论道的神情，在他面前，我仍然是小学生一个，凭我这半瓶醋，如今又岂敢在他面前班门弄斧。

五叔，您来写这条横幅吧，让我开开眼界。我提议。

什么横幅？五叔听说请他出笔，还真的来了兴致。一直弯着的腰似乎直了许多，脸上溢出一道兴奋的光彩。

是这回事，市楚剧团送戏下乡，今天来镇上义演，为表示欢迎，需要写一条过街横幅。并且，市电视台还要随剧团一起下来录像。

噢，这倒是件好事，也是件大事。五叔啜了一口茶，显得意味深长。只是我不明白他说的好事大事到底是指剧团下乡还是指过街横幅。也许兼而有之。于是，我也只好顺着这两个意思说下去，是呀，搁在平时，写个标语口号什么的，我倒可以将就一下，可现在事关重大，我那几个字拿出去就有些不够味道了。这不，我正犯愁，没想到您来了，这算是救了我的场，看来，这条横幅非您莫属了。

好吧，既然你这么抬我的庄，我也就不客气了。五叔又深深吮了口茶，搁下茶杯，站起身来说，你稍等等，我回去取笔墨就来。

我知道五叔有一套非常珍贵的文房四宝，据说价值无量。为方便起见，我劝五叔说，我这里笔墨现成，您就将就着用吧，何必劳步呢！

书法有道，笔墨还是用自己的顺手。五叔说完，转身离去。五叔脾气硬，我自知拗不过他，只是怕他来回受累。

五叔走后不久，市文化局打来电话说，楚剧团的专车已提前起程，估计一小时后到镇里。这下，我可真有些犯愁了。要知道，五叔离镇上不下五华里，等他徒步取来笔墨，剧团只怕早已抵达，那时候再挂横幅，不啻正月十五拜门神，显然晚了。自己来写吧，又怕五叔到时候怪罪下来。也算是情急智生，我突然想到，五叔和剧团来去方向正好相反，五叔自西街来，剧团从东街进，也就是说，只要横幅拉在东街口，五叔便不可能看见，所谓眼不见心不烦，五叔既然未见这条横幅，也就会无从怪罪。事已至此，我已别无选择。对不起，五叔，侄儿我只好自己献丑了。我铺开纸笔，刷刷几下，将横幅一挥而就。待横幅刚刚挂出，只见楚剧团一路欢歌而至。好险！我抹了一把额头，竟有一层细汗。

惜缘
——相遇是最美丽的奇迹

安顿好剧团，我重返办公室，刚刚坐下，五叔气喘吁吁地赶到。只见他肩上挎着一个分不出颜色的旧布袋，满脸汗光闪闪。我本想对他说剧团已到，横幅不必写了。不知怎么，话到嘴边，又咽了回去。我默默接过五叔的布袋，替他摆上文房四宝，将横幅小样轻轻地放在他面前。

五叔说，我驼背哈腰的，还是在地上写方便。按他所示，我又将那套文房四宝移置地面。于是，五叔躬身如猿，一手撑地，一手挥毫，果真是笔走龙蛇，墨携风雨，钩挑俯仰，方圆天成。字里行间，既有灵动潇洒之韵，亦显古朴苍劲之气。五叔写得酣畅淋漓，如入无人之境。我在一旁为他添墨牵纸，看得如醉如痴。

五叔写毕，摇了摇手腕，又叉腰端详了片刻，不无兴奋地说，我练了一辈子书法，还是头一次写这么大的横幅，托你的福，算是给五叔我真正露了一回脸。说罢，端起茶杯，一饮而尽。稍干一些，我帮你一起挂出去。五叔说。镇里人手多，挂横幅的活就不劳顿您了。

您还是赶紧去买化肥吧。我有些如芒在背，慌忙提醒五叔。

噢，我差点忘了。五叔拍了拍额角，卷起文房四宝，装进布袋，神清气爽地走出办公室。

剧团送戏下乡的电视新闻一天播了两次，荧屏上出现的欢迎横幅自然是我那几个臭字。据说，五叔看过那条新闻后，将那个旧布口袋连同文房四宝一起丢进了陆水河里，并发誓永不沾毫。此事到底是真是假，我也不便打听。只是自那以后，五叔再未到我办公室来过，未及一年，五叔竟无疾而终。那些未曾露脸的横幅大字终成绝笔。

心灵感悟

简单的故事情节，蕴涵着深远的意味。轻描淡写的文字，夹杂着一份沉重的负疚感。"我"的一个自认为成功的谎言，间接让五叔无疾而终。

我一直在想，当"我"的谎言被五叔发现后，他会怎样？然而，我万万没想到，他竟会如此生气，从此永不沾毫，后来竟无疾而终。或许是因为五叔太过于淳朴了，他坚守着心灵的那一片净土，竟容不得世俗的半点污染，容不得侄儿对自己的捉弄。在他看来，可能认为侄儿侮辱了他的书法吧。而"我"，懂得了社会上的人情世故，却不懂得与自己的亲人相处。

如果是你，你会对五叔坦言，博取他的谅解吗？

别离的故事

那时是何等的青春年少。那四季如春的山城,是我出生的地方;离开它的前几天,我觉得我正在做一件大事。欢喜成天在我的眉间舞蹈,连走路也轻飘飘地,几乎要飞上天去了。

一天中午,妈妈带我上街,就在一家常去的面店,给我点了我最喜欢吃的饺子面汤。

"孩子,你离开家,最留恋的是什么?"看着我狼吞虎咽,妈妈忽然开口问道。

"我?"我一面吃,一面含糊地答道,"我留恋的是我的学校,我的同学们。"

"家呢?"妈妈的语调中微微有些失望,"你一点也不留恋吗?"

"家?"这个问题几乎从来没有在我的心中引起过注意。我怔了一下,才觉得有些愧意,连忙补充,"家当然也留恋。"

妈妈大概听出这并不是我的真实想法,她轻轻地叹了一口气,便默然了。过了一会儿,她又抬起头来问我:"你离开的时候,会不会哭?"

"哭?"我哈哈大笑了起来,"男孩子,怎么可以哭!"

妈妈笑了一笑,但我觉得好像有点勉强。我不大明白,她是在怎么想。

离开的那天上午,我仍在兴高采烈地向邻居道别。自己一边想着,午饭一吃,我便要出发,横过太平洋,远走高飞,留下惊异的他们,心中便觉得过瘾。

刹那间,我便以为自己是引人注目的人物,一种莫名其妙的虚荣心便得到了相当程度的满足。

时间毫不留情地在我的身边滑走,这"最后的午餐"一下就伸到我的面前,我突然觉得心沉了下去。

全家围坐在一张桌子边,吃的是鸡粥。刚吃两口,妈妈突然掩面而去,我的眼泪一下涌了出来,却拼命地忍着,只顾低头一口一口把粥往嘴里塞。突然呛住了,我抬起头来,正想咳一下,却瞥见爸爸一边吃着,泪水却无声地流了一脸。

第一篇 ◆ 你在伞里吗

我怎么也抑制不住了自己,"哇"的一声,便冲向洗脸间,在那里没命地哭了起来。就在这时候,我才有些意识到,我这一去,就意味着永远不能再回头。但在这以前,不知为什么,我总有个错觉,以为这不过是一次远行,去了还会回来。

但,我就像只断线的风筝,永远也回不去了。

爸爸妈妈千里迢迢跑来探我的时候,已经是十五年以后的事情了。这一别,竟会如此长久,当初我怎么会想得到!

我只记得,那年,当我走向海关时,送行的人们被铁栅栏隔在一百米以外。我提着手袋,一步挨着一步地走,并且频频地回过头去,往人丛中寻找爸爸妈妈的踪影。

我终于见到,爸爸和妈妈正在那边挥舞着手。我的眼泪又涌了上来。我放下手袋,无力地举起手,招了一招,连再多看一眼也没有勇气,便回头顺着人群向前流去。等我想再看他们一眼时,我的视野已经给建筑物挡住了。爸爸呢?妈妈呢?全都看不见了。

就这样,我便踏上人生的旅途。眼泪模糊了我的视线,心顿时好像给分隔成了几片。

要知道,在那之前,我从来没有离开过父母的身边半步呀!

那时,我才16岁。

心灵感悟

"人有悲欢离合,月有阴晴圆缺",别离虽然不是一个新鲜的话题,却被人一唱再唱,一写再写,这一切都是因为"人非草木,孰能无情"。本文作者用清新优美的语言写下了别离时的切身感受。少年时年幼无知,远离父母家乡仍然兴高采烈,以为远走高飞是一件很过瘾的事,"连走路也轻飘飘地,几乎要飞上天去了"。直到"最后的午餐"到来,才意识到,"这一去,就意味着永远不能再回头。"父母无声的泪水更加深了别离的伤感。全文感情凝重,别离时的悲痛伤感被渲染得非常浓烈。

最成功的一次教育

在波特18岁那年的一个早上,父亲要波特开车送他到20千米之外的一个地方。那时波特刚学会开车，就非常高兴地答应了。

波特开车把父亲送到目的地，约定下午3点再来接他，然后就去看电影了。等最后一部电影结束的时候，已经是下午5点了。波特迟到了整整2个小时！

当波特把车开到预先约定的地点时，父亲正坐在一个角落里耐心等待。波特心里暗想，父亲如果知道自己一直在看电影，一定会非常生气。

波特先是向父亲道歉，然后撒谎说，他本想早些过来的，但是车子出了一些问题，需要修理，维修站的工人们花了2个小时的时间修车。

父亲听后看了他一眼，那是波特永远不会忘记的眼神。

"波特，你认为必须对我撒谎吗？我感到很失望。"父亲说。

"哦，你说什么呀？我说的全是实话。"波特争辩道。

父亲又一次看了他一眼："当你没有按预定时间到达时，我就打电话给维修站，问车子是否出了问题，他们告诉我你没有去。所以，我知道车子根本没有问题。"一阵羞愧感顿时袭遍波特的全身，他无可奈何地承认了看电影的事实。

父亲专心地听着，悲伤掠过他的脸庞。"我很生气，不是生你的气，而是生我自己的气。

我觉得作为一个父亲我很失败，因为你认为必须对我说谎，我养了一个甚至不能跟父亲说真话的儿子。我现在要步行回家，对我这些年来做错的一些事情好好反省。"

波特的道歉，以及他后来所有的话都是徒劳的。

父亲开始沿着尘土飞扬的道路行走，波特迅速地跳到车上紧跟着父亲，希望父亲可以回心转意停下来。波特一路上都在忏悔，告诉父亲他是多么难过和抱歉，但是父亲根本不予理睬，独自一人默默地走着、沉默着、思索着，脸上写满了痛苦。

整整20千米的路程，波特一直跟着父亲，时速大约为每小时4千米。

20千米的路程里，看着父亲遭受肉体和情感上的双重折磨，这是波特生命中最令人难过和痛苦的经历。然而，它同样是生命中最成功的一次教育。自此以后，波特再也没有对父亲说过谎。

心灵感悟

父母对我们的教育在我们还未懂事的时候总觉得那是一种对自己的折磨，然而这种折磨往往是我们成长路上的良言，有时候精神上的折磨比肉体上的折磨更能塑造一个人的灵魂。

我不想开枪

弟弟是刑警，哥哥是在逃抢劫犯，在一个漆黑的深夜，弟兄俩不期而遇。

枪是左轮手枪，五年前这把枪一冒烟就杀死了一个银行营业员，此时它正握在哥哥手中，枪口对着弟弟。

哥哥说："我们是亲哥俩儿，打断骨头连着筋，我不想伤你，你也别太逼我。"

弟弟说："这条路你不能再走下去了，跟我回去吧，争取宽大处理。"

哥哥一摆手，说："你跟我说再多也没有用，我这次回来就是为了看看你，之后还要继续跑路。"

弟弟不吱声。

"五年了，我带着你那张照片都被我看烂了。"哥哥说。

弟弟鼻子也有点酸。爹娘死得早，是哥哥把他带大的，弟兄俩亲啊。

"过来，让哥哥再抱抱你，就像你小时候一样。"哥哥说。说的时候像是突然得了一场大病，有气无力。

兄弟俩就拥抱在一起了。

分开的时候左轮手枪已经握在弟弟手中了。"就算我求你了，你跟我回去吧。"弟弟说。

哥哥一怔，怔过之后说："要打死我你就开枪，反正让我跟你回去，没门。"

弟弟把枪举起来，又放下，再举起来时，他说："我不会朝你开枪，但是你身上背有人命，作为警察，也不会让你跑掉。"说完，掏出了手机，与队长联系。

正在这时，一个住在附近的人听到了动静，他惺惺懂懂地想出来看看究竟发生了什么事，然而刚一出门，脖子就被一条胳膊有力地扼住了。

"扔了手机，否则我就掐死他。"哥哥说。弟弟就把还没有拨完号的手机扔了。

"把枪给我。"哥哥又说。弟弟就把枪也递了过去。

哥哥拿枪在手，仰天长叹，说："我一把屎一把尿把你拉扯大，你就这样回报我？"

弟弟低着头，不说话。

"你能读完大学，钱从哪儿来，说是外公给你借的，他一个瞎老头子到哪儿去借？"

弟弟浑身抖了一下。

"我今天非杀了你这个忘恩负义的东西不行。"哥哥越说越激动，他把枪举起来，瞄准了弟弟，又放下，又举起来，又放下，最后枪口一转，指向了他腋窝中的头。"记着，如果下次还是这样，他就是下次的你。"说完，扣动了扳机。

那人吓得尿了一裤裆。然而枪没响。

弟弟摊开手，手里握着几粒汗湿的子弹。"子弹，在这儿，"说完，一抛手，子弹便消失在夜幕中了，"哥，你不能再杀人了。"

哥哥一跺脚，一枪就把夹着的人砸趴下了。"你，你不是我弟弟。"再跺一脚，猛地将枪砸向弟弟。

枪正砸在弟弟额头上，立时鼓起一个包，弟弟没动，只说："哥，你跟我回去吧。"

哥哥哼一声，转身朝夜幕中走去。

没走几步，弟弟在身后说："站住，再走我就开枪了。"

哥哥的脚步顿了一下，更有力地朝前迈去。

"砰——"枪响了，哥哥应声跪在地上，子弹钻进了他的右腿。

"子弹，你不是扔了吗？"哥哥回头，艰难地说。

"只扔了五颗，第一枪是空枪，第二枪有子弹，我就是试试你会不会再朝人开枪。"

哥哥笑了，还挺满意。

弟弟却哭了，哭着在地上摸到了手机，接通后说："是刑警队吗……"

心灵感悟

在古埃及神奇的传说中，古老的神有一杆无上公平与精准的秤，它用来称量人类死后的心脏，心轻，则生无所愧；心重，则生有所责。心轻或心重，砝码是生平利弊的权衡，权相度量。

人生都有一杆秤，用来称权欲、称美色、称财富、称心灵的重量。

这一对被命运戏弄的兄弟俩，在不长的生命道路上，一次又一次称量了自己的命运，有的错了，有的对了，有的都没有错，总之，他们走向了天涯的两岸。

我是小妹我是月亮

妈妈希望有一个高高大大的男孩子，做爸爸的再版，于是，家里就有了哥哥；爸爸想要一个温温柔柔的女儿，做妈妈的复制品，于是，家里就有了我。

小时候，哥哥带我跑步，我跟不上，就哼哼唧唧地在后面耍赖，哥哥便得意非凡地停下来等我："知道我为什么是哥哥吗？就是因为我跑得快，先跑到这个世界上来了，所以——就做了哥哥。"

刚刚得到自己文章发表的消息，便兴冲冲地跑回家，哥已备好一个大蛋糕等我。"哥，你怎么知道那是我的文章？"（我署的是笔名）哥切着蛋糕，一副漫不经心的样子："谁让我是你哥呢？"

每次有什么好吃的，哥也总是塞到我嘴里："你先吃，我是哥哥。"

习惯了做哥哥的小妹，习惯了哥哥的呵护爱怜，却从未想过有一天会长大。长大的我成绩优秀而出色，也许是明晓自己又丑又笨，一无他长，只好埋头发愤，别无选择。

长大的哥哥球玩得出色，棋下得出色，也英俊得出色——一米八的个头，宽宽的肩膀，此外，父亲年轻时的棱角与浓眉，母亲的炯炯明眸与高鼻梁，无一例外地被他霸道地一一独占，但哥哥的成绩一点也不出色。"恨铁不成钢"的父亲每每以我作比来训斥他："做哥哥的竟然还不如妹妹！"虽然我有时也会嫉妒哥哥，但我真心地希望哥哥完美，便也常常好言相劝，甚至"恶语相激"。

哥哥最终还是只好到一所重点高中读自费；次年，我考入另一所省重点高中；兄妹见面的机会少而又少。假期在一起的时候，一向对哥哥言听计从的我开始学会为一点点小事耍赖狡辩，拒不悔改，哥哥每每在我伶牙俐齿前败下阵来。有一天，难得安静的饭桌上我和哥哥大战糖醋排骨，哥把我最爱吃的脆排骨全拣到我碗里，看着狂吞大嚼的我，他突然悠悠地说："小时候，有一次妈不在，你饿哭了，我喂鸡蛋给你吃，你也是这副样子的。"我想着自己小时候馋馋的吃相，禁不住皱着鼻子大笑起来："哥，你还记得我小时候的样子？""当然记得……"哥也笑了，又低下头去，悠悠地说："小时候，你真听我的话。"

我愣住了，小时候！小时候？长大的小妹真的不需要哥哥了吗？不需要那个仅仅大我十八个月却俨然一个小小保护神的哥哥了吗？不需要那个总是牵着我的小手，在家门口等妈妈爸爸下班的哥哥了吗？不需要那个自己忘掉了帽子却仍一丝不苟地记得给我系好围巾、戴上小手套的哥哥了吗？不需要那个给我捉了一只又一只蝴蝶，汗水涔涔却依然不厌其烦地问我"够不够"的哥哥了吗？

不！不！哥哥，我永远是你的小妹！哪怕白发苍苍，你也永远是我最好最好的哥哥！以后在校的日子里，无论学习多忙，我都每周写一封信给哥哥，附资料，夹照片，像小时候那样，孩子气地一一尽述我全部的眼泪，全部的欢笑，其中不乏豪言壮语，乃至不知天高地厚的狂妄之言。哥的回信一如既往。"哥相信你！你一向是出色而优秀的！"

高中毕业时，哥拒绝了保送体院的推荐名额，参军去了长春。我临近高考，接到哥哥的来信："你一向是哥最出色的小妹！傻小孩儿，你问哥你'会不会落榜'，哥告诉你：'你会的——如果所有的大学都不招生的话。'你不是喜欢军队生活吗，高考结束后，哥接你到军营来玩。"

我没有让哥哥失望，哥哥却失信了——他没有回来带我去参观军营，只是寄回一大叠照片；照片上，哥穿着空军制服；浅蓝的衬衫，宽大的蓝裤，英俊之外又平添了几分威武。他正忙着报考军校；哥没忘了向小妹祝贺。

寒假，哥哥在除夕前夜才从军校预备班赶了回来。采访的叔叔赞叹爸爸有个好出色的儿子，哥哥回头冲我挤挤眼，"其实，我一向就是很出色的，是吧！以前都是让你给比下去的，小坏蛋！"两周的假期一晃而逝，哥坚持过一天再走。当过军医的父亲还恪守着军队的纪律，催哥哥马上赶回部队："早一天是走！晚一天也是走！你不是军人吗！你不是说去锻炼自己吗？怎么还这么散漫？"哥低头沉默半响，目光转向我，说道："可明天是元宵节。""月圆时节伤离别。"我认为我理解哥哥的心情。

爸爸和哥哥在客厅里"谈判"，我缓缓地退出到哥哥的房间，帮他整理一下东西——我深悉父亲的脾气,他向来是说一不二的。

哥哥的枕下是一本绿缎面的笔记,随手翻到最新的一页,一根银链坠着一枚银月亮滑落到床上——"……明天是元宵节,是晓月的生日,爸妈说是月亮送给他们一个女儿;而我是在太阳射到北回归线的那一天出生的,爸妈说是太阳赐给他们一个儿子,那么就注定,太阳一生都要把光洒向月亮。爸妈放心,我会永远爱护小妹的,毕竟我只有一个妹妹,世界上只有我们两人的身体是流淌着一模一样的血。

明天,我要在月亮升起,小妹十七年前出生的时刻,送给她一枚银月亮,并问她要不要太阳的光,尽管,她自己已是一个优秀且出色的孩子,而且一心想做太阳……"

我把银月亮紧紧贴在脸上,热泪滚滚而下,"哥,我愿做月亮!"

心灵感悟

淡淡的文字,却有着浓浓的情意。作者通过向我们展示日常生活当中兄妹之间一件件令人产生共鸣的小事,让我们看到了一个犹如慈父般的兄长和一个幸福的小妹。我们知道,伟大的爱并不一定要用惊天动地的举动来诠释,有时它仅仅需要一个浅浅的微笑、一句关怀的话语或是一声祝福。

文中的哥哥很令人触动。他明白自己是哥哥,他要用太阳的光永远洒向是月亮的妹妹。妹妹的文章发表了,他早已备好蛋糕在家中等着;妹妹饿了,他像妈妈一样一口一口喂妹妹吃鸡蛋;妹妹要高考了,他的信一封一封地从遥远的东北送到妹妹身旁,给她祝福,给她鼓劲。妹妹成大了,不像儿时那样让哥哥牵着手在村口等爸爸妈妈下班归来了,但哥哥却还永远是妹妹的哥哥,是她牢固的靠山,是她受伤时的避风港,是她温暖的太阳。不管妹妹走到哪里,哥哥的祝福永远追随着她,保她平安,让她快乐!

一块旧表

父亲生病住院时,我写信给乡下的大哥,让他来服侍几天。我跟大哥说，父亲一生病，二十四小时都要人侍候，我们夫妻俩都上班，实在是忙不过来。大哥接到信就急匆匆地赶来了。

大哥为人很厚道，一到我们家就全揽下父亲住院陪护、做饭、送饭的事。我和妻从内心感激。过了些日子，大哥看父亲能下地走动，生活能自理了，就想回去了。大哥说家里的玉米该收了、黄豆也早该割了，还不知你大嫂在家忙成什么样了。

我跟妻说，大哥出来不少天了，让他回去看看吧。妻也是这个意思。

临起程的那天中午，妻做了一桌好菜，让我陪大哥好好喝两盅。说这些天，多亏了大哥早早晚晚地往医院里跑。要不，我们连班都上不了了。大哥说，这些话都不要说了，自己亲亲的年老的父亲，还有什么不应该的。大哥问我有没有不爱穿的旧衣服什么的，给他几件带回去穿。我告诉他都给他弄好了，有他能穿的，也有大嫂和小侄子能穿的。大哥很高兴，又问我有没有我不爱戴的旧表什么的给他一块。大哥说，能跑个钟点、大差不差的就行了。大哥说在乡下，整天泥里一把、水里一把的，有块好表也戴不出来好。

说心里话，家里哪有什么旧表。但我忽而想起抽屉里有块新"瑞士"。那是我一篇获奖小说的奖品。感情大哥整天在家没事，把什么都翻到了。

当下，我有些不大高兴，我跟大哥说，家里没什么旧表。对他说现在表不值钱了，花个二三十块钱，买一块就是了。大哥说，你窗台上不是有块旧"苏州"表吗？这时间，我才想起窗台上那块旧"苏州"。那块表，是我考上大学那年秋天，父亲送我到徐州时给我买的，也是我考上大学后，父亲给我添置的唯一一件东西。这些年，尽管我有了更好的表，不戴它了，但我一直都珍藏着它。我觉得父亲在当时能给我买那块表，实在是太不易了。我们家兄妹多，我考上大学那年，大哥刚成家分出去过了，小妹和三弟，一个读高一，一个读初三，家里处处都需要钱。可父亲就是在那样的情况下，硬是咬着牙给我买了一块当时能值八十多块钱的"苏州"表，它让我在以后的日子里，增添了好多骨气和勇气。可现在大哥要它，我真有些舍不得。我跟大哥说，那是父亲给我买的。妻却一旁鼓动大哥，你别听他那一套，趁早拿走了事，省得放在家里，戴也不是，扔也不是的。大哥笑，举杯跟我说喝酒喝酒。

回头，也就是我和妻要上班先走的时候，大哥还在不紧不慢地喝着。我和妻都提醒他，不要忘了返程的班车时间和桌上那块旧"苏州"。

大哥挥挥手说他忘不了，让我们放心好了。谁知，傍黑我和妻下班进家，大哥人是走了，可那块旧"苏州"，却仍旧放在桌子上。妻一看那表，半是牵挂，半是惋惜地说，大哥中午喝多了。言外之意，连表都忘了。

　　我没吱声。我知道大哥不是忘了带那块表，而是不想夺我所爱。当晚，我和妻合计了一下，第二天一大早，便把那块新"瑞士"给大哥寄去了。

心灵感悟

　　厚道的大哥重感情、讲大义。当他一听说父亲病了的时候，就急匆匆地赶来，可见他心里很挂念父亲。尤其是大哥一到"我"家就包揽下照顾父亲的所有活儿，一颗赤诚之心可见一斑。当"我"和妻感谢大哥时，大哥却说，照顾自己的父亲是他应该做的。大哥把自己所做的一切都看成是"应该的"，这正是从大哥骨子里透出来的厚道品格。大哥是平凡的乡下人，却给人不平凡的感动。

惜缘
——相遇是最美丽的奇迹

第二篇

爱中有天堂

旅　伴

桅杆底下的挂灯听凭海风摆布，眯着凄凉的眼睛，在夜雾的包围下，闪晃着。海浪发出轻微的鼾声，梦幻一般拍打着轮船的边缘。轮船驶向远处的黑暗里。

我背着海，攀着铁栏杆，说不出的憎恨和恼怒。

"你不能坐得远些吗？怎么老是缠着我？"我不能容忍了，几乎要骂出来。

那个褴褛的人。两臂抱住他的膝头，蜷曲在一条横木上，像一堆煤渣。

航行以来，已是第二个夜晚了。轮船酒醉似的摇摆，颠簸得很厉害。从早上起，继续了一天一夜，这时才显得比较沉稳一些。

走到潮湿的甲板上，我又看见那个褴褛的人，他的背后，是深遂无际的海。

我咕噜着说："你简直和鬼一样！"

他毫不在乎地盯着我。

他的头沉重地折向胸口，仿佛被突然的重担压住了。

"是他们赶我出来的！"他一阵剧烈的呛咳。

"他们为什么要赶你出来呢？"我总觉得这人很怪。

"你问他们去！他们打我骂我，就是因为他们有吃有穿……"沙哑的声音淹没在悲凉的海风里，他蜷缩在横木上瑟瑟发抖。风大起来了，我的呼吸也随着感到紧迫。

"睡去吧，外面很冷啊！"他向我说。

船尾的铁链依然轧轧作响。船头好像从来没有更变过方向，在暗黑的海面上前进。

早上我醒来，天还没有大亮。在角落里，灯光黯淡。船舱里叫人感到难耐的困倦和窒闷。

黎明，雨丝拖着细长的行脚扫过船缘，我从寒梦中醒来，舷窗外的骤雨却已过去了，只有零星小雨。

我在甲板上徘徊，突然有人在船尾叫我。仔细一看，正是那个被扭曲践踏的怪人。

56

"你的钱包,昨夜你掉在甲板上的。"

他伛偻着腰远远走过来,吸着烟卷。

"应该谢谢你吧?"我的声音非常冷淡。难道这真是我自己掉在甲板上的吗?我感到奇怪。

他摇摇头,不无歉意地说:"哦。抽烟吧!老刀牌!你来一支!"

"不!"我回绝了。

"你是初次出门吧?哈,我们这可有伴了!"

谁跟你做伴,你简直像一头黑猪,我心里暗暗咒骂。他臃肿的躯体和歪斜的脖子捏在一起,那模样看着也叫人生气。他掀开被雨水湿透的棉衣,使劲拧着衣角。我站在旁边看他翻弄,想想这人也真怪,他到底是干什么的?我不禁感到纳闷。

在我们面前,一只孤独的海鸥在低空中翻翔,上下飞回高低盘旋着。

"进去吧,风很大啊,你会着凉的!"

我走向船舱,回头只见一个臃肿难看的人,披着一身破油布坐在横木上,任凭风吹雨打。

下雨的日子,舱里潮湿而阴暗。我翻看着高尔基的《在人间》,下午做了一个潮湿的梦。醒来,雨还是没有停。船身左右倾斜,抱怨着风的任性和雨的呜咽。

我看了几页《在人间》,那些不中用的人又出现在我的面前。粗粗看去,他们酗酒,詈骂,偷盗,殴打,漆黑一团。但是在这漆黑一团的背后,几乎没有一个例外,隐藏着一个善良的灵魂,闪耀着"人的光辉"。我又想到那个被作贱的人,实在也说不出他坏在什么地方,以及做过什么坏事。

雨水顺着舷窗成串地往下直流。黄昏时分,雨终于停了。几只海鸥追随着船尾飞翔。黄海的巨浪笼罩在夜色中,测不出边际来。

海沉默着。忽然有一串尖刻的毒骂从船尾飘来,中间还夹杂着被殴打者的诅咒,末了只有凄厉的呻吟。有一堆人围在横木面前,直到嘶哑的呼号变成凄厉的呼叫,周围的人才一哄而散。

在横木上,我的"旅伴",那个褴褛的人倒在一旁。他的手上全是血污,脸上也有几处被指甲抓破的伤痕,他的全身很痛苦地扭曲着,衣襟也被扯破了。

"怎么你又被人打了!"我惊讶地走向我的"旅伴"。

他猛地抬头看见我在旁边,露着痛苦的微笑说:"哦!是你!"于是低下

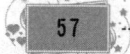

头用舌尖舐着手里的血迹，吸入嘴里，连同唾液一起霍地吐出。风很大，血水又扑向他自己的脸上。我摸出一块手帕交给他：

"快把你的手扎起来！"

他茫然看了我一眼，示意叫我走近一点，倒劝起我来了："你不要为我难过呵。他们这样待我，已经蛮客气了。"说着他自己却辛酸起来，含着泪苦笑："总是无缘无故要哭哩！又挨打了！"

"他们为什么要这样打你呢？我真看不下去，简直不是对待人的样子……"

"你去问他们啊！"他不好意思地支吾着，长叹一声。这时我看见他的额上也有血渍，紫色的青筋泥蚯一般蠕动。

沉默。

"你还是抽支烟吧！别难过。"我劝慰他，不知究竟发生了什么事，他终于没有说明。

"哼，香烟！"他侧着头苦笑，"他们拼命打我骂我还不够，把我的香烟也抢走了！"

月亮上升了。海面获得了光辉和生命，微笑着连连地展开去。星星，诉说着无限深意，钉在苍白的天边。星光像细碎的花瓣似的，满撒在跳跃的海浪上。

大海安静下来，四周冷寂。

"你年轻，又是到好地方去，前途无量呵！我这一辈子，咳，没有什么说的。过一天算一天，明天，我可要走了。谁也不会再来打我了！"他的话像是忧郁的独白，似乎在寻求解脱。他深深地吸了一口烟说："朋友，你看得起我，哈，我们这算是做了三天伴，明天起，我们就分手了。听我说，初出远门，百事小心。"

他说不下去，扶着铁栏杆拼命地呛咳，脸色泛白。"明天上岸以后，你到哪儿去？"我吞下了一团疑句，心情沉重地向统舱走去。他忽然又喊住我："喂，朋友，你的钱包！该死，我真该死，改不掉，不知怎么又，又干起来了！我对不起你！"

他把钱包放在横木上，不等我去取，就一拐一拐地走了。这位"旅伴"是一个什么人物，我终于明白过来。

想到明天就要到永嘉，后天转青田，走金华折向皖南前线，今夜我睡不着。我想在枕头下抽出高尔基的《在人间》来看，可是找遍了自己的行李都没有。

青春励志

惜缘
——相遇是最美丽的奇迹

一大清早，我听见有人大声嚷嚷："有人跳海了！"那时船还在茫茫大海里。夜半，一个老年的旅客瞥见一个黑影纵身越过铁栏杆，人们断定是那个小偷投海自尽。又说，这样的人活着有什么用，还不如死掉的好。他们高兴地抽着"老刀牌"的香烟，正是从小偷身上抢来的。

在污黑的横木上，今天，仿佛一堆垃圾被扫到海里去了。我凝视着老刀牌香烟的烟壳被海风吹走，不禁感到一阵惆怅。忽然发现那本《在人间》在拂晓的海风里翻舞着。什么时候，他将书偷去看的，来不及还我，就悄悄地离开人们，真的走了！那个"旅伴"！

海浪诡奇地笑着。浪涛之间澎澎湃湃地互相揶揄，互相嘲笑。晨风犹如舒展的旗披在我的肩上。我深深呼吸着黎明时大海的清新空气，呼吸陡然大了。

心灵感悟

风景在其次，旅伴才是最重要的。在人生的旅途中，如果能结上一个好的旅伴，那是一件非常幸运的事情。

永远的同桌

芸来的那年我16岁，那时候我一个人坐。

芸是低着头随班主任一起走进教室的。她梳着两只可爱的羊角辫，穿着一件半新不旧的的确良连衣裙。

我记得芸在班主任介绍她时，她抬起了头。这时我才看清她的脸。她的脸是秀气的，皮肤很白，是城市女孩子少有的那种白。从她看我们的眼神里我看得出芸有一些紧张和不安。

芸是在我沉思的时候被班主任安排坐在我身边的。于是，芸成了我初中阶段唯一的同桌。

芸给我的感觉有些说不清，但我总觉得她身上有一些什么东西吸引着我。记得那事，是芸成我同桌不久以后发生的。那次上课时芸写错了字，于是芸就拿起了她的橡皮，用力地擦着。芸原本用橡皮擦她的错别字和我是没有什么关系的，但不巧的是我们共用的那只桌子的腿有点儿瘸，于是

惜缘——相遇是最美丽的奇迹

桌子就抖动了起来。桌子一抖就带动着我手中的笔也开始抖起来。很自然，我就写不好字了。我看了看身边擦得很起劲的芸，第一次感觉到什么是同桌。早已习惯一个人坐的我有些不自在起来。

我拿出了我的修正液递给了她。我说，芸，用我的修正液吧。

芸看着我手中的修正液，有些迟疑地接了过去。过了一会儿，原以为万事大吉的我突然听到身边的芸怯生生地问道，燕，这……怎么用？

我看了看一脸尴尬的芸，有些吃惊，但我终究还是教会了芸。

芸用后突然说，这修正液用起来倒蛮方便的。芸沉默了一阵又说，等到用完之后是不是可以像给钢笔打墨水一样将新的修正液灌到这个小瓶子里去呢？

我发现芸的眼里闪着光泽。我说，不可以的，它是一次性的，用完了就得再去买新的。我看见芸眼里的光泽一点点暗淡了下去。

我仿佛听到芸自言自语似的低低地说，那多可惜……芸突然又问，那这修正液要多少钱？

我说，我这瓶10元。我见芸轻轻地垂下了头，我忙说，我这瓶是进口的所以要贵一些，国产的可以便宜一点儿，大概五六元吧……其实，进口国产不都一样用吗？

芸把玩着我那瓶修正液轻轻地"嗯"了一声。又说，如果有可能，今天放学回家路过商店我会去看看的。她说完，便把修正液递给了我，说了声"谢谢"。

然而，第二天我发现芸并没有如她所说的那样去买修正液，以后也没有。芸终究没有买。但有时我要把我的修正液借给她用，她却不要。她总说，谢谢，我用橡皮也蛮好的。只是与以前不同，芸在用她那块橡皮的时候，注意了些"技巧"，她不再像以前那样让那只瘸了腿的桌子抖动起来。

芸是个很要强的女孩子。她在转入我们班的两个月后，就对我发动了"猛烈攻势"，使我招架不住，把我原本在班上是"老大"的成绩优势化为了乌有。每次考试测验我都差她10分20分。到后来我实在是忍无可忍，只得奋起直追。然而，无论我多么勤奋多么努力，总差她五六分。5分左右的差距竟成了我不可逾越的屏障。俗话说"活人哪能被尿憋死"，而我这个大活人就快要被这区区5分给气疯了。我对芸一直很不服气。

然而我对芸的进一步了解是在那次我到班主任办公室去交本子的时候。也不知是我还是班主任起的头，我们谈到了芸。班主任告诉我，芸是知青子女，她父母至今还在江西种田，芸现在寄住在她姑妈家，偏偏她姑妈家经济条件也不好。班主任还说，她去家访过，亲眼看见过芸姑妈家如同"鸽棚"式的住房，也亲眼看见过芸寄住的小阁楼，那间小阁楼冬寒夏炎，更何况还是违章建筑，随时有被拆掉的可能。班主任说，她问过芸的姑妈，如果被拆掉，芸怎么办？芸姑妈说，没办法，只有灶间还能睡人。班主任叹了口气说，这样的条件这样的学习环境，芸，她还……班主任说不下去了。过了很久，班主任又说，而且今年是初三，关键的一年啊。我走出办公室的时候，心里说不出个味儿。我既同情芸又敬佩起芸来。

芸不常说话。有时我叽里呱啦说上一大堆，芸只是笑着听着。同桌做久了，即使芸不说话，只要她的一个眼神，一颦一笑，我都能揣摩出她的心思来。那回在放寒假前夕我过生日时，许多同学都买了生日礼物送给我庆祝生日，使我很不好意思。但使我最不安的是芸。芸不知道那一天是我的生日，我从未告诉过她，我不需要芸送我什么，我一直以为，芸的到来是上天赐给我的最好礼物，所以我一直十分珍惜我和芸的这段友谊。然而，我发现在我过生日的那天，芸沉默了。芸从来不是这样子的。

我说，芸？她说，嗯？

她没有看我，难道是在害怕她的眼神会偷偷地泄露她的心思吗？我真的想对芸说，我不在乎这一切，不在乎这些生日礼物。然而，我知道这些话只会刺痛芸的心。

两个星期后的一个早晨，那天不知怎的我觉得芸有些特别。果然，在第一节下课，芸突然从书包里拿出一个纸包包，要我打开，说是给我的生日礼物。她责怪我没有告诉她我的生日日期，她又说，如果我早些知道你生日日期的话，我会在你生日那天给你一个惊喜的。

我说，芸……

芸打断了我的话，说，打开看看吧，为这我准备了两个星期。

我打开了纸包，"啊——"我叫了起来。原来是一副织工相当精巧的手套。我激动地说，芸，是你织的是不是？你注意到我没有防寒的手套是不是？你怎么知道的呢？芸，这……太珍贵了，太珍贵了！我一边说着一边把手套紧紧地贴在了胸口。

芸微笑着看着我，显得那样平静。这是这个生日最好的礼物。

初三阶段的学习真的是相当紧张，然而这一年对我来说，紧张之余还有笑声，这都是因为有芸的关系。在我们填报志愿的时候，一向做事稳重的芸却让我吃了一惊。芸没有填任何中专、技校甚至于普通高中，她填的是"清一色"的市、区重点高中。对此我为芸捏一把汗，万一芸她考试一失误……我不敢想下去，我把我的顾虑告诉了芸。我说，芸，我看还是填个普高垫个底吧。

芸把原本注视着我的目光移向了窗外，良久良久才说，我和我爸妈商量过了，如果进不了重点高中……我就回江西了。

我心头一震，我说，为什么？这是为什么呢？

芸淡淡地说，我想考重点高中，我也应该有实力考进重点高中。芸沉吟了一会儿又说，考进重点高中就等于进了大学预备班，能考进大学的希望是相当大的。我一定要考进大学，只有这样我才能改变自己的命运！……你是知道的，上海的消费水平不比江西，实在是太高了……我已经没有退路了……真的没有了……

我愣愣地看着芸。一道阳光从窗外射进来，照在芸的额头上，我突然发现芸是相当认真的。芸远比我想象中要成熟得多，我忽然意识到我与芸的距离不仅仅是那区区的5分！

中考结束后，芸回了江西。那天我去送她，天正下着雨，芸还是穿着那件的确良连衣裙，只是比刚来我们班时要旧了一些。那天我们俩打着一把伞，我帮她拎着行李一直送进了火车车厢。开车预备铃响了之后，我们像大人一样地握手道别了。我下了火车，噙着的泪再也忍不住，一颗颗地顺着脸颊往下淌着。

车厢里的芸把头探出了窗口问道，燕，你怎么啦？

我说，大概是雨大了一些，打在了我的脸上。

芸问道，要手绢吗？我给你。说着芸便去翻行李找手绢。

我说，芸，别找了，这水珠擦了还会有的。说着，眼泪又淌了下来。

正在这时，火车开始起动了。

芸走后的那些日子我一直在祈求上天，祈求上天能把我和芸安排进同一所高中，然而这一小小的愿望竟永久地没有实现。

我记得收到录取通知书的那天，我急急地跑到学校，去打听芸的录取情况。那天班主任在办公室，她把芸的录取通知书递给我，我一看便乐开了，叫道，原来芸和我进的是同一所高中！猛地，我发现班主任的眼眶有些湿润了，我不解地看着班主任。

过了一会儿，班主任说，你是芸最好的朋友，我想我应该告诉你。昨天，芸的母亲打来电话，说江西这次闹洪灾发了大水，芸是在救第六个人时离开这个世界的，如果你不信的话，昨天的《新民晚报》上有这个报道……

老师的话我渐渐听不清了。我不知道自己是怎样回的家，我一次次地告诉自己，这不是真的，不是……

那个夜晚我没有哭也没有叫。我安静地坐在自己的房间里，没有开灯，我呆呆地看着马路对面那闪烁不定的霓虹灯，手里捧着芸给我织的那副手套，紧紧地贴在胸口。那一晚我是抱着手套睡着的。

在梦里我看到了芸。芸还是穿着那件连衣裙。她走得很慢，我在她身后追着叫着哭着喊着，却怎么也赶不上她。很久很久以后，当我把嗓子都叫哑的时候，芸突然出现在我的身边。她说，燕，别哭，我给你找手绢擦泪。她又说，燕别难过，你要知道，什么样儿的树开什么样儿的花，而且，有些花不结果……说完这些话，芸缓缓地转身走了。

芸就这样走了。从我的身边走开去了，也从这个世界上走开去了。

芸是我永远的同桌。

心灵感悟

有些情，让我们终生铭记；有些人，让我们永远藏在心里。

益友增添生命光彩

我觉得朋友是快乐人生中的重要环节，一辈子如能得到几个知心的朋友实在是极大的幸福。人因为年龄和经历可以分成好几个不同的时期，每个时期都可能有不同的益友和损友。如果有一个朋友能陪你一起度过好几个不同的阶段，那更是你的幸运，非常值得珍惜的一份幸运。

我就有几个这样的朋友，在十几岁的时候就已认得，在不同的时期里还常能互通讯息。有一次，一个像这样的、快20年没见面的朋友要来看我，虽然我们彼此都知道20年来大家在做些什么，可是到底是20年没见面了。听说他要来，我好早以前就开始兴奋。那天早上接到他的电话，要我去龙潭的电信局接他，我和先生开车去，心里竟然紧张和害怕起来，我怕他变得太多，变得太老，我就会觉得伤心，可是又知道，20年实在够长，够把一个人变老变丑。

一直到车子开到龙潭那个小小的电信局前，我的心还是忐忑不安。我看到穿着灰色风衣的他走了出来，身旁是他的女伴，他的面容虽然和年轻时不大一样了，可是却很好看，有一种不凡的风采。当他微笑地和我打招呼时，我有一种如释重负的欢欣的感觉。20年的时间让我的朋友变得成熟，变得不凡，我真替他高兴。

回家以后，我给他看我的油画素描，然后再向我的先生、他的女伴诉说我们同学时期的种种不可思议的经历。我们的理想、我们的青春、我们的种种可笑又可怜的挣扎，在那两三个钟头里，我们几乎处在一种狂热的状态中。

一直到下午带孩子们去吃冰淇淋，坐在咖啡座上我才觉得累了，一句话也不想再多讲，我告诉朋友："我好累，已经不想说话，我已经说够了。"

我的先生和朋友都很高兴地看着我。他们叫的咖啡很香，孩子们兴高采烈地吃着冰淇淋，屋子里有一种黄昏时细致而温暖的光泽，我非常满足，就再没有说一句话，直到和他们挥手再见，那种安宁、满足的情绪一直充满我心。

直到今天，每次想起那一场会面，我心里的满足感仍会回来。以后我们也断断续续见过两三次面，但不知道是时间不对还是地点不对，总不能再造成第一次的那种气氛。也许因为我有过第一次的经验，对以后几次的会晤有较高的期望，因此总觉得失望，心里有点儿懊恼。

心灵感悟

坏的朋友就如同一朵带刺的野草，一不小心你就会为他所伤害；好的朋友就如同一朵美丽的花儿，当你靠近他的时候，他会把醉人的芬芳送给你。

朋友之间

这天下班后，我因事到朋友家里小坐。临走的时候朋友忽然想起什么似的，对我说："你等等你等等，有好东西给你。"转身从房间里拿出一条香烟塞到我怀里："拿回去抽。"我一看，是好烟，便问他："冒牌货？"朋友笑着说："你怎么会这样想？"我照直说："否则你干吗无端地送我这么好的烟？"朋友说："我下决心戒烟了。这是戒烟前买下的，做个顺水人情吧。"

我这才明白过来，边从裤兜里掏钱边说："戒了好戒了好，这烟算是转让给我吧。"朋友一把按住我伸往裤兜里的手："我这是送你，不是找买主。你可以拒收，却不可以付钱，明白了吗？"我知道朋友历来是说一不二，便说："好好好，我收下，我收下。"朋友这才把按在我裤兜的手收了回去。

回到家里刚坐下，我便将朋友送的烟拆了封，从中取出一包，抽了一支横放在鼻子跟前闻了一下——好烟，果然是好烟！接下去我还不急于点火，而是拿着烟盒仔细欣赏。突然，我发现烟盒里面分明夹带着什么东西，把锡纸包装撕开一看，是一张印制精美的硬质小卡片，上面印着"祝君中奖——请凭此卡片到当地任一家烟草专卖店领取现金300元"的字样，我起先还不大相信，反复看了几遍后，还给烟草专卖店打了个电话询问了一下。得到证实后我赶紧出门，骑上我的摩托车飞也似的往朋友家里赶——这300元不属于我，我要把中奖卡片还给朋友。

不巧的是，朋友有个饭局出去了，我便把中奖卡片交给了他妻子，并把情况对她说明了。朋友的妻子说："谢谢你，我丈夫能交上你这样的好朋友，真有福分！"

晚上10点多钟，我正在客厅里看电视，门铃"叮当"地响了。谁呢？这么晚了。打开门一看，竟是送烟给我的朋友。他进来还顾不上坐下，便从口袋里把那张中奖卡片摸出来递到我面前，说："拿着，这可是属于你的。"我说："这怎么属于我的呢？就连那条香烟也是属于你的呀！"朋友说："不错，香烟和300元本来是属于我的，可我已经送给你了。送给你后，自然就全属于你的了！"我还是推挡着不肯接。朋友便一把将它插到我的睡衣口袋里，又说："我这是还你，不是送你。你可以扔掉，却不可以拒收，明白了吗？"说完便转身走了。

心灵感悟

朋友之间就是如此，平平淡淡，真真实实，很琐碎，也很容易让人感动。

一生的朋友

我一直相信人与人之间是存在着一种十分美丽的情感的，这种情感没

青春励志

惜缘
——相遇是最美丽的奇迹

有肌肤的接触，有的只是心灵如蝴蝶般的自由飞翔。自从遇见你之后，我更加肯定了这种想法。我们不止一次地对对方说："做一生的朋友。"

于是，在许多个宁静的夜晚，当我从一本小说中偶然抬起头，偶尔失神的时候，会有一些美好的词语从我的心中溢出，送给这位一生的朋友，向你说说我的心里话。

我有时想，一个人到这个世界走一次，这个过程其实很简单，那么一个长长的过程，也许只不过是为了摘路边的那一个个果子。

这些果子，在生命树上结成，每个月都有果子成熟。每个人的心里都是有一粒种子的，我心中的种子，在那不经意的相遇中就已经种下了。

它开花，发出一个小芽芽，结出一粒粒成熟的果子，那个果子，我们把它叫做朋友，因为它的美丽与纯洁，我们都无比珍惜。

夜晚来了，我敲动键盘，一下一下敲出了对你的惦念。

你去了一个很远的地方工作的时候，我会在心里盼着你早日回来，会算着冬天过后是春天，算着春天过后，便可以见到你。

因为心里有了牵挂，我会想象许多与你有关的细节，那无边的丛林，那夕阳中的尼罗河，那骆驼背上的牧民，都因为与你有关的细节，而让我备感亲切。

但我们都知道，这份惦念，基于一份美好的友情。

当你从遥远的那端打来电话的时候，我曾经盼望着自己也能够到那个很远的地方去。那里或者有一个小屋，让我们静静地说说话，屋外的星空有月亮，很圆很大的月亮。

当很长时间得不到你的消息，我会一天天数着岁月，会写下许多文字，以为你把我忘记了。甚至伤心地想，原以为自己找到了一个叫做幸福的花园，我像个孩子般来到花园，带着激动的心情，却哪里知道，花园里竟然没有一株花是为我而开放的，春天的紫丁香，纯洁的百合，都兀自芬芳着，只是它们和我没有关系。

直到再次接到你的电话，听到那头你疲惫的声音，我所有的疑惑才云开雾散。

我一生都将牢记那些细节。我们谈心，诉说彼此对生活和生命的感知。

记得有一次我们在聊天的时候，有一束阳光透过窗棂照进来，照亮了你的一半脸庞。我就说，等到将来我们都老了，我一定不会忘记今天的这束阳光以及阳光下你的脸庞。

生命因为这些细节而生动。

我相信我们在茫茫人海中相遇，一定是有一个叫爱的小天使轻轻地推动了我们一下，于是我们在同一个时刻抬起眼睛，看到了对方。

于是我们没有擦肩而过，从此反向而行。

我知道，如果我们错过了一次，有可能就此错过一生，一生都不会相遇，不会相知，更不会成为这样可以互相倾诉的朋友。我因此心生感念。

我曾经无数次地盼望有一个小孩子，那温暖而柔软的小手，那黑亮的眼睛，那如松果般跌跌撞撞地向我奔来的孩子，无数次盼望着这个小孩子，他是爱情树上结出的果子。可是，我没有做好当母亲的准备，我很困惑。

你告诉我，一个小孩子会给人的生命增添无数的乐趣，你有一个小孩子，你的生命因此多了许多精彩的细节。

我会记住你的话，我会很快有一个小孩子。当他长大的时候，我要告诉他，母亲有一个一生的朋友。这个朋友，令母亲觉得生命多了许多美丽。

我要让他相信，人与人之间的确是存在一份美丽的情感，就像我和你，我希望他也会有一个一生的朋友，一个令他受益无穷的好朋友。

心灵感悟

<u>有些人，有些情，是注定无法绕开的，它将伴随我们一生，温暖我们一生。</u>

起死回生的友情

这栋楼房是20世纪50年代建造的，楼高四层，式样陈旧，设施简陋。经历半个世纪的风吹雨打，加上年久失修，墙体已经裂了缝，给人摇摇欲坠的感觉。

市政府已经将这栋楼列为拆迁的对象，但楼里的居民迟迟不肯搬出去。因为这栋楼里的居民都是穷人，家里都没有什么积蓄，光靠政府发的拆迁费，买不起新的房子。

张星和侯晓就是在这栋楼里长大的。张星家住在一楼，侯晓家住在二楼。两个人在同一所小学读书，都读四年级。

惜缘
——相遇是最美丽的奇迹

张星和侯晓都是男生，两个人在学校里是要好的同学，回到家里是要好的伙伴。两个人经常在一起学习，在一起玩耍，上学放学，同进同出，友谊深厚。但是，今年夏天发生的一件事情改变了这一切。

张星和侯晓的父母都在菜市场以摆摊卖菜为生，那天，两家的大人为了争夺摊位发生了口角，到最后，竟大打出手，侯晓爸爸的头被张星的爸爸打破了，到医院缝了三针。张星妈妈的脸也被侯晓的妈妈抓破了一大片，进医院住了好几天。虽然经过居委会的调解，但两家大人的心里都积了怨气，从此成了仇人，即使是在楼道里碰着了，也谁都不看对方一眼。

大人之间的恩怨起初并没有改变张星和侯晓之间的关系，两个人放了学，仍是一块儿玩耍，但是，张星的妈妈出院那天，看到张星与侯晓在一块儿，就气不打一处来，扇了张星一个耳光，骂张星不知好歹，要他今后不准答理侯晓。侯晓的父母也是粗鲁的人，听到张星的妈妈在骂孩子，也跑出来，将自己的孩子揍了一顿，不准侯晓再与张星仍有往来。

两家的大人都以打自己的孩子来出气，指桑骂槐，险些又发生纠纷。如此一来，张星和侯晓虽然在学校仍是好朋友，但回到家里便不敢相互串门，更不敢在一起玩耍了。

不久，暑假到了，两个人虽然住在同一栋楼内，但迫于父母的压力，仍是不敢待在一起。可是，两个人毕竟有着深厚的友谊，不能待在一起，两个人都觉得别扭。特别是张星，他的学习成绩不够好，平时做课外作业时遇到难题，都是找侯晓帮助，现在，他不敢去找侯晓，有些作业就不能完成。

两个人都很伤脑筋。后来，还是侯晓想出了一个办法：两个人虽然不能串门说话，但同一栋楼内的水管是相通的，两个人可以利用敲自来水管来传递信息。他俩约定了暗号，一次敲两下，表示需要帮助，一次敲三下，表示想约对方出去玩儿。

这办法还真行，两个人试了好几次，一个人在自己家里用铁条敲击自己家的自来水管，声音就可以通过水管传过去，另一个人就能在自己家里隐隐听到"当当"的敲击声。于是，两个人按照约定的暗号，或者躲到一起做作业，或者避开父母到一起玩耍。就这样，两个人都好开心，自来水管成了他俩的联络通道，他俩又能在一起了。

然而，就在暑假快要结束的时候，发生了一件极为可怕的事情。那天傍晚，侯晓和父母一起，推着板车，正准备去郊外运菜。几个人刚走出家门不远，就听身后"轰"的一声巨响，他们惊恐地回过头来，发现他们居住的那栋楼房在一瞬间倒塌了，灰尘弥漫，直扬到了半空中。

所有的人都惊呆了。可他们突然醒过神来。知道发生了什么，知道还有许多居民待在家里没能出来，人们立即冲过去，一边呼唤着他们认识的人的名字，一边搬运着那些残砖碎瓦，希望能将埋在里面的人救出来。

警察来了，消防队来了，周围的居民也来了。但空间的限制，容不下太多的人，人们只能轮流上去搬动砖块，寻找废墟下面的人。周围不时传来一阵阵痛苦的呼喊和哭泣声。

整整忙碌了一夜，才清理了废墟不到五分之一的部分，挖出了两个人，但早已是血肉模糊，死了多时了。侯晓一直在救援的队伍里面，他心急如焚，拼命地翻动砖块，因为，直到现在，他还没有见到好朋友张星，他知道，张星一家被埋在了最底层，生死未卜。

第二天，人们又整整忙碌了一天一夜，又找到了两个人的尸体。这时，楼房倒塌的原因也有了一些眉目，是住在三楼的一家住户，想在受力墙上开一扇门，结果，砸墙开门时，上面的重力失去支撑，再加上这栋楼年久失修，哪经得起这一折腾，上面的重量压了下来，又砸坏了下面的墙体，整座楼房就坍塌了。

到了第三天，还没有救出一个活着的人，救援人员也失去了信心。按照常规分析，这样的楼房塌下来，楼内的居民是不会有生还的希望的，救援人员停止了人工清理，他们决定改用机械来清理废墟。

侯晓伤心极了，因为，张星和张星的家人还没有被找到。但是，看到一个个被找到的都是血肉模糊的尸体，他也绝望了，他不得不相信事实：他，不可能再与张星在一起玩耍了。

当推土机开进现场时，已是第三天的下午，许多人围着废墟哭泣，侯晓也一样。一想到永远失去了张星这个最要好的朋友，他就抑制不住自己的悲伤，他伏在一堆残砖碎瓦上号啕大哭。

然后，他捡起了一根铁条，一下又一下地敲击着露在废墟外面的自来水管。这是他与张星的友谊的通道，他俩以前就是利用这种敲击传递自己要说的话，度过了许多美好相聚的日子。

侯晓明明知道张星已不可能再听到他想要表达的意思，但是，他还是"当当当"地敲着，那是他与张星的暗号，意思是"我想同你玩儿"。敲完水管，他又像过去多少次一样，将耳朵贴在水管上，聆听对方的动静。他知道对方永远不会有动静了，但他仍是忍不住要这样做，他只是想以这种熟悉的动作来怀念他与张星之间的深厚情谊。

然而，让他意想不到的是，当他将耳朵贴上水管的时候，他分明听到水管的回音："当当"，"当当"……那是他与张星之间的暗号，那意思分明是"我需要帮助"。

巨大的欣喜，让侯晓一下子跳了起来，他拼命冲向开推土机的司机大嚷大叫："停下来！停下来！下面还有人活着！你推过去会轧死他们的！"

推土机停了下来，救援的人们也围了过来。大家对这个孩子的话将信将疑，难道真的还会有人活着？如果有，那简直是奇迹。

奇迹真的出现了。当侯晓再次敲击水管时，一个警察将耳朵贴近了水管，他也隐隐约约听到了回应："当当"，"当当"……下面真的还有人活着！

人工救援重新开始，大家又去搬运砖瓦，寻找活着的人。这天夜间，大家终于在废墟的最底层找到了张星和他的爸爸妈妈，三个人居然都还活着。倒塌的房屋在他们的身边形成了一个大三角空间，张星的爸爸受了轻伤，张星的妈妈伤势较重，而张星居然是没有受伤。

三个人被救上来时，身体虚弱，嗓子都嘶哑了。人们赶紧把他们送往医院。后来张星才说，被埋在废墟里面，他和爸爸一直在喊救命，但因为埋得太深，再加上外面的人们一直在吵吵嚷嚷地进行救援，没人能听到他们的声音。渐渐地，他们的嗓子喊哑了，再也喊不出声音了，他们绝望了，以为不可能活着出来了。但是，就在他们悲痛绝望的时候，他听到了"当当当"敲击水管的声音，他心中又惊又喜，他知道这是侯晓和他之间的联络信号，于是，他马上用砖块敲响了头上的水管。

"当当当"，"当当当"，这敲击水管的声音，竟然挽救了一家三口人的生命；"当当当"，"当当当"，这敲击水管的声音，就是他们纯真深厚的友谊和爱心的象征。当张星和侯晓的故事在这座城市的大街小巷传开时，所有的人们都为之动容，感慨不已。侯晓的父母还主动到医院去看望张星一家人，两家人激动得热泪盈眶，重新和好了。自此之后，这座城市的人们见了面最爱说的一句话就是："我家的水管与你家是连着的，一敲就知道了……"

心灵感悟

人生得一知己死而无憾，这是因为真挚友谊难以觅寻，一旦拥有则千金不换。本文正是记叙了一段生死不渝的真挚友情，从而打动了我的心。

曾经有人把友情比作人生的一座花园：真诚是土壤，关爱是春露，理解、交流是温暖友谊的缕缕阳光。这篇文章所写的友情正好印证了这句话。

　　本文的故事情节非常紧凑，层层递进，紧扣人心，多处铺垫。一开始作者先来个楼房总描述，给人摇摇欲坠的感觉，然后写生活在这栋楼房的两个男孩间的根深蒂固的友情在双方父母的不和睦的压力下创造出了一种新的交流方式，最后写楼房倒塌了，张星一家生死未卜，侯晓心急如焚，拼命翻动砖块寻找好友，场面激动人心。就在大家都绝望之际，"当当当"的声音敲醒了友谊之花，就是这个交流方式，挽救了张星一家三口的生命和他们这段纯真深厚的友谊。面对这一段坚不可摧的友谊，怎能不叫人热泪盈眶？

　　很多人在死后都会选择到天堂，而真正可以到天堂的却不多，或许说天堂很寂寞。

朋友从陌生人开始

　　一个叫大卫吉萨的人拥有很多朋友，而且这其中的很多竟是他或者在散步时，或者外出时答话认识的人。他的朋友问他为什么那么自然的跟陌生人搭话，他说："一开始我也是对于跟陌生人说话心怀不安，但是每当我回忆起我最好的朋友当初都是陌生人时，我的畏惧感就消失了。因为我在想：在我开口与他们说话之前，他们都是陌生人，而我一旦跟他们说话，他们就成为我的朋友甚至知己。"

　　"那么，你不怕被别人误解吗？"

　　"一开始我确实也担心被别人误解，但是经过一段时间后我发现：如果你怀着一颗真诚而热情的心，同时又有着对友谊的渴望，对方一般不会误解你的动机。

　　我遇见过不少表面上自负而冷若冰霜的人，他们给人的第一感觉都是拒人千里。但跟他们搭话之后我发现：麻木不仁的只是他们的外表，他们在内心深处同我一样热切的需要友情。所以如果你也想交到更多的朋友，就不要让畏惧成为规避的借口。"

　　我们每一个人活着都需要友谊的滋润，而友情的获得终究只能靠自己去把握。防人之心应该有，但不要让提防成为阻塞友情的堤坝，因为你要明白：朋友都是从陌生人开始的。

只要我们都怀着真诚而热情的心，你会发现，周围的人都可能成为我们的朋友或是知己。

心灵感悟

奉献爱心，我们将得到别人的爱；使别人幸福，我们就会感到真正的幸福。如果我们常常烦恼失意，那是因为我们心中总是装着自己；如果我们总是幸福快乐，那是因为我们常常想着他人。

友　善

阿赫玛德和阿里都是班上的优等生。他们上课时都能专心听讲，有较强的理解力，并能很快掌握老师讲的内容。他们深谙成功的诀窍，懂得若要学习取得进步，就必须精力集中。他们玩耍时尽情玩耍；学习时则把嬉闹丢在脑后，专心致志地学习。他们都得到老师的喜爱和赞许，各自的父母也为此而心欢。

虽然他们两人都学习勤奋、守纪律、讲礼貌，但对周围同学的态度却有天壤之别。阿赫玛德不愿和其他同学交往，从不把自己的思想宝库向希求者开启。他把所积累的科学知识，看作像行乞者拣到的黄金，秘密藏匿起来。他哪知道：知识的财富，当给予时，也会增加。

阿里却同他完全相反，总是拉着后进者的手，一道向前进。不论谁，有什么不明白的地方，都确信可以得到阿里的帮助。他每天早上到校很早，同学们一见到他，便纷纷聚拢来。他一会儿同这个一起钻研课文，一会儿回答那个提出的问题。只要同学们还有不理解之处，他就绝不弃之不管，甚至直到上课前一分钟，还常常帮助其他同学解决学习上遇到的困难。

等学业结束了。同窗好友们被时光老人的手拆得七零八散。一些年以后，有一天，阿赫玛德有事来找阿里。在谈话中，回忆起往事，他很后悔，说道："现在请允许我对你说，那时，你对同学们的无私帮助，就像一棵大树开满了鲜花。我虽然也如同你一样像一棵大树，但却不开任何花朵。我所想的只是自己怎样单独地向上长啊长。现在，你的花终于结了果，同学们无人不在思念你的情谊。你的果实和种子已撒播到各个地方。你的纯洁、友善正受到普遍的赞美。凡从你那里受到帮助者，都把你的真诚和善意讲给朋友和亲人们听。你的美名被人们交口传颂，对你敬佩的人与日俱增。而我却像荒原中的孤树，连果实也没有结出。现在，在你的周围开着似锦的鲜花，结着累累的硕果。但是人们的心灵却都向我关闭着。我的辛劳即使打对折拍卖，也难以找到顾客！……"

阿里听完他的话很受感动，说道："我心中一直在惦念着你。来，坐下！快谈谈，我能帮助你做点什么？"

心灵感悟

一个人的生命最美丽的时候，不是在他享受成功鲜花的时候，而是在他默默奋斗、辛勤耕耘的时候。生命的美丽，永远展现在他的辛勤耕耘之中。种下爱的种子，必有爱的收获；播撒爱的阳光，必将享受爱的芬芳。

沙子与石头

穿行在沙漠中的两个人是一对好朋友。途中，两人发生了激烈争执，其中的一个人打了另外一个人一记响亮的耳光。被打耳光的人什么话也没有说，只是在沙子上写道："今天，我最好的朋友在我的脸上打了一耳光。"

他们继续行走，终于发现了一个绿洲，两人迫不及待地跳进水中洗澡，很不幸，被打耳光的那个人深陷泥潭，眼看就要被溺死，他的朋友舍命相救，终于脱险。被救的人什么话也没有说，在石头上刻下一行字："今天，我最好的朋友救了我的命。"

打人问救人的这个人："我打你的时候，你记在沙子上，我救你的时候，你记在石头上，为什么？"另一个人答道："当你有负于我的时候，我把它记在沙子上，风一吹，什么都没有了。当你有恩于我的时候，我把它记在石头上，什么时候都不会忘记。"

心灵感悟

记住他人的恩惠，我们便常施恩于别人；淡忘他人的失误，我们便学会了宽容。世上从此就多了两道美丽的风景，人间便充满了几多浓浓的友情。

爱中有天堂

两个小男孩是最好的小伙伴。他们一起度过欢乐的童年时光，一起唱着歌长大。后来，两个人读同一所小学，仍然形影不离。

那天是个很普通的日子，他照样去找小伙伴一起上学，却发现小伙伴家家门紧闭，空无一人。听邻居说，小伙伴得了一种病，已被家人送到医院。他二话没说背起书包就往医院跑，一直跑到筋疲力尽，他终于看到了躺在床上的小伙伴。小伙伴全身虚肿，痛苦不已。他问小伙伴还上不上学去，回答他的是不知所措的哭声。

他一个人去了学校。而失去了小伙伴的他开始变得有些闷闷不乐。小伙伴患的是一种无法直立行走的病。他幼小的心灵并不太懂得忧伤，只是替小伙伴感到惋惜和难过，小伙伴不能走路而且失去上学的机会，他该有多么伤心。

他终于做出了一个决定：每天背着小伙伴上学。只为了和小伙伴在一起的欢乐，只为了小伙伴能够上学。父母反对，因为怕他承担不起，他们也担心影响他的学习和生活。只有小伙伴高兴，两颗童心的碰撞简单而且纯粹，少了世俗与顾虑。

他开始背着小伙伴迎来日出，送走晚霞。为了小伙伴上学，他必须绕远路去小伙伴家中接他上学。他拒绝了所有同学的帮助，用他瘦弱的身躯去背负因为患病而肥胖许多的小伙伴。小伙伴也拒绝让别的同学背，因为小伙伴认为只有他背更安全更值得信赖。

从小学到初中，无论风霜雪雨，他从未间断接送小伙伴的任务。他从来都认为他在做一件很普通的事，几年里的路程，洒落多少汗水，他从未想过要求小伙伴家中为他做些什么，而小伙伴也从未向他表示过感谢，并且一如既往地做他最要好的朋友。

然而有一天，他得了白血病，急需许多钱和大量血液。小伙伴的父母起初也送了一些钱到他家中，但是后来不见病情好转，就不敢再花钱了。小伙伴得知他需要输血时，毫不犹豫地把胳膊伸向前去，说："把我的血输给他。他病好后还要背我上学呢！"一句话说得父母大为惭愧，拿出了所有积蓄为他治病。

高尚行为其实都很平常，平常到如同两颗少年的心的碰撞，这样的爱，就是我们一生追寻的天堂之爱。而这样的天堂，就在我们的内心深处，就在我们被遗落的童年时代。天堂并不在遥不可及的天上，如果我们曾经用心，曾经毫无保留地去对一个人好，那么我们就会发现，身边有爱，爱中有天堂。

心灵感悟

小主人公为了让自己的小伙伴上学，历经风霜雨雪，在那条上学的路上铺满了厚厚的友谊石子。也许他认为是很普通的事，但在我们眼里却是高尚的行为。当他的小伙伴身患重病时，他用自己的行动再一次给我们做出了关于友谊的最好诠释。

让我们记住：建立在真诚和关爱基础上的友谊，才能够经得起时间的考验。

曹禺与舒乙的九个鞠躬

在我国现代文学历史上，剧作家曹禺和人民文学家老舍之间的友谊是非比寻常的，两位先生彼此敬重，互相欣赏，谱写了一首动人的友情之歌。不幸的是，"文革"中他们均遭受了严重的迫害，结果老舍含恨投湖自尽，曹禺虽艰难地留了下来，精神却几乎到了崩溃的边缘。

多年后，老舍先生终于得到了平反。举行平反追悼会那天，曹禺是来得最早走得最晚的人。他拄着一根已经磨得发红发亮的拐杖，脸色蜡黄，身体微微颤抖着，一步一步地走进追悼会大厅，身体显得十分疲惫。他面色凝重，两眼直瞪瞪地望向大厅的墙，墙的正中央挂着老舍的遗像，他笃笃地敲着拐杖，径直走到老舍的遗像前，抬头凝视良久，然后恭恭敬敬地鞠了三个深深的躬，嘴角翕动了几下，仿佛心里有道不尽却又说不出的话儿。

简短的追悼会，曹禺始终沉默着。追悼会结束后，他缓缓地跟随人群走了出去。然而，谁也没想到，待大厅完全清寂下来时，他忽然转身，一步跨回门里，再次一个人急匆匆返回，走到离老舍遗像更近的地方，看着老朋友，第二次鞠了三个深深的躬，嘴角依然翕动着，难掩内心的汹涌波澜。

曹禺先生再次走出大厅后仍旧没有离去，他一句话也不说地站在门外，似乎在等待着什么。当老舍夫人和舒乙姐弟捧着老舍的遗像和骨灰盒走出来时，曹禺竟然又迎了上去，挡住他们的去路，第三次向老朋友的遗像和那个并没有盛着老舍骨灰的骨灰盒鞠了深深的三个躬。此时，他满脸泪水。在场的人都忍不住落下了泪。

一晃，时间到了1996年12月13日，曹禺先生也谢世了。

在追悼会上，老舍先生的儿子舒乙来到会场后什么也没说，像当年曹禺来告别他父亲一样，径直走到曹禺先生的遗像前，恭恭敬敬地深深地九鞠躬！

九个躬对九个躬，舒乙以子代父表达对曹禺当年情义的敬谢。这算不得惊天动地，但曹禺和舒乙的那九个无言的深鞠躬，却是如此强烈地扣动着我的心扉。其实，生活中证明情义的真挚，无须太多的言语，有时只要那么一握手、一鞠躬、一点头，可悲的是，很多人连这点也做不到。舒乙与曹禺的九个鞠躬，胜似涌泉，见证着老舍与曹禺两位文学大家的深厚友情。

心灵感悟

情意深深，情义无价。真挚的友情比天高比地厚。它不容世俗玷污，更不容权势亵渎。它需要的仅是情与情的传真，心与心的交流。

花树的卑微朋友

从前在波罗奈有一位伟大的国王。国王深受臣民的爱戴，因为他的爱好不是积聚财富和发动战争，而是热衷园艺。他在城里开辟了许多公园和花园，他最喜欢的树叫做花树。花树是一棵古树，当波罗奈还是河边的小村庄时，花树已经存在了。国王喜爱花树，且在它的树荫下度过了很多美好时光，但他从没留意过树下那小小的吉祥草，更不曾注意过蹦蹦跳跳的变色龙。在他的眼里只有花树。

一天国王和王后坐在宝座上喝茶，忽然一块白色的东西落入他的杯中，接着又是一块。抬头一看，原来天花板上出现了一条很大的裂缝，裂缝还在不断扩大，石膏正不断从天花板落下。接着他发现，支撑王宫的巨大木柱上也出现了一条深深的裂痕。

国王赶紧招来木匠，命令他们修理王宫，但是木匠们找遍了全城，却找不到一棵支撑得起王宫的大树。他们报告国王，世上只有一棵大树可以做王宫的柱子，那就是花树。可怜的国王，他不知道该怎么办，保住花树任由王宫塌掉吗？还是砍倒全印度最美丽的植物？国王感到难以抉择，于是他想征求花树自己的意见。他向树精祈祷，但是花树的树精什么都没有回答。于是国王决定将花树伐倒。

这个念头刚刚进入他的头脑，便被拂过耳边的微风听到。微风悄声告诉鸟儿们，鸟儿惊恐地飞开，告诉树叶……到了早晨，全世界都知道花树快要死了。大树们纷纷七嘴八舌地为花树出主意，但是花树心里明白，它们根本帮不了它。深夜里，当众人散去，花树忍不住哭泣起来。

第二天早晨，两个伐木工人来到花树下。一个工人在树干上摸索着，想找一个合适的部位动斧子，但是他立刻叫起来："老兄，你来摸一下，花树烂了！"果然，花树的树干变得又湿又软。一夜之间花树烂了，不可能用来做柱子了。他们赶紧报告国王，国王只得另想办法，他让木匠们砍倒三棵大树，捆在一起充作柱子。大树们纷纷问花树："你怎么可能一夜之间烂掉呢？"花树骄傲地回答："是不起眼的吉祥草帮助了我。吉祥草是变色龙的好朋友，它叫来成千上万的变色龙，让它们爬到我身上。变色龙的身体是软的，所以伐木工以为我烂掉了。"

心灵感悟

犀牛的身边有牛鹭鸟，海参的旁边有小隐鱼，花树的身边有吉祥草。在我们的眼里，这都是极为不合适的"朋友"。然而，就是那些毫不起眼的朋友在不经意间起到了重要的作用。

朋友贵在交心，不看地位的高低、身份的尊卑，忠诚和友爱才是最关键的！

生命的药方

德诺10岁那年因为输血不幸染上了艾滋病，伙伴们全都躲着他，只有大他4岁的艾迪依旧像以前一样和他玩耍。离德诺家的后院不远，有一条通往大海的小河，河边开满了五颜六色的花朵。艾迪告诉德诺，把这些花草熬成汤，说不定能治他的病。

德诺喝了艾迪煮的汤，身体并不见好转，谁也不知道他还能活多久。艾迪的妈妈再也不让艾迪去找德诺了，她怕一家人都染上这种可怕的病毒，但这并不能阻止两个孩子的友情。

一个偶然的机会，艾迪在杂志上看见一则消息，说新奥尔良的费医生找到了能治疗艾滋病的植物，这让他兴奋不已。

于是，在一个月明星稀的夜晚，他带着德诺，悄悄地踏上了去新奥尔良的路。他们是沿着那条小河出发的。艾迪用木板和轮胎做了个很结实的船，他们躺在小船上，听见流水哗哗的声响，看见满天闪烁的星星，艾迪告诉德诺，到了新奥尔良，找到费医生，他就可以像别人一样快乐地生活了。

不知漂泊了多远，船进水了，孩子们不得不改搭顺路汽车。为了省钱，他们晚上就睡在随身携带的帐篷里。德诺咳得很厉害，从家里带的药也快吃完了。这天夜里，德诺冷得直发颤，他用微弱的声音告诉艾迪，他梦见二百亿年前的宇宙了，星星的光是那么暗那么黑，他一个人待在那里，找不到回来的路。艾迪把自己的球鞋塞到德诺的手上："以后睡觉，就抱着我的鞋，想想艾迪的臭鞋还在你的手上，艾迪肯定就在附近。"

孩子们身上的钱差不多用完了，可离新奥尔良还有二天三夜的路。而德诺的身体越来越弱，艾迪不得不放弃了计划，带着德诺又回到了家乡。不久，德诺就住进了医院。艾迪依旧常常去病房看他，两个好朋友在一起时病房便充满了快乐。他们有时还会合伙玩装死游戏吓医院的护士，看见护士们上当的样子，两个人都忍不住大笑。艾迪给一家杂志写了信，希望他们能帮助找到费医生，结果却杳无音信。

秋天的一个下午，德诺的妈妈上街去买东西了，艾迪在病房陪着德诺，夕阳照着德诺瘦弱苍白的脸，艾迪问他想不想再玩装死的游戏，德诺点点头。然而这回，德诺却没有在医生为他摸脉时忽然睁开眼笑起来，他真的死了。

那天，艾迪陪着德诺的妈妈回家。两人一路无语，直到分手的时候，艾迪才抽泣着说："我很难过，没能为德诺找到治病的药。"

德诺的妈妈泪如泉涌："不，艾迪，你找到了。"她紧紧地搂着艾迪，"德诺一生最大的病其实是孤独，而你给了他快乐，给了他友情，他一直为有你这个朋友而满足……"

三天后，德诺静静地躺在了长满青草的地下，双手抱着艾迪穿过的那只球鞋。

心灵感悟

<u>小艾迪虽然没能给好朋友德诺找到延续生命的药方，但他却给了德诺医治孤独的最好药方——快乐的友情。我们每个人都害怕孤独，我们都渴望有结伴同行的快乐。让我们用友情为你的朋友带去快乐吧。</u>

让仇恨长成鲜花

杰克和汤姆曾经是好朋友，他们合伙做卖米的生意。

在他们居住的那条街上分布着许多米店，大多数店主把米放在外面，晚上找人看守。他们也和那些店主一样把米堆在商店外面。

可是有一天早上，他们起来后发现米少了许多。杰克记得晚上汤姆起了好几次夜，他怀疑很可能是汤姆把米转移到其他地方，想独吞，因此，心中大为不悦。而汤姆说他没有看见那些米，杰克不相信，两人吵了起来。汤姆忍无可忍，动手打了杰克，杰克毫不示弱也狠狠还击，打得汤姆鼻青脸肿。从此，他们成为仇人，不再往来。

第三天，杰克要到附近的一个小镇去做生意，一大早推开门发现门口放着一个陶罐，罐里装着几根骨头。按照当地风俗这是不吉利的象征，很晦气。杰克想，肯定是汤姆诅咒他生意落败故意放在他家门口的，他非常生气地将陶罐扔在花园里，就出门了。结果那天他的生意很不好，不但没有赚到钱反而亏了不少本。回到家中他给院子里的花松土施肥时，无意中看到那个陶罐，想把它砸碎出气，又觉得很可惜，就顺便移了几株快死的花进去。

过了几天他从外边做生意回来，赚了不少钱。他很高兴地侍弄花草时惊喜地发现，陶罐里开满了鲜花，这让他很高兴，没想到这个用来出气的陶罐竟给他带来了意想不到的欢乐。看着这些鲜花，他开始为自己狭隘的心胸感到脸红，觉得自己当初不应该迁怒于汤姆，应该心平气和地向他解释，他决定主动向汤姆道歉。

在去汤姆家的路上遇到他的邻居，邻居问他说，前一段时间自家的小孩夜里在外面玩，把一个准备泡药的陶罐和一些兽骨给弄丢了，不知杰克看见了没有。杰克回家找到陶罐和扔在院子里的兽骨还给了邻居。奇怪的是当他把东西还给邻居时，邻居反而给了他几袋米。

原来就在杰克和汤姆把米放在外面的那天夜里，有人要买杰克邻居家的米，黑暗中邻居错把杰克和汤姆的米卖了，等第二天发现时，买主已不知去向。邻居找杰克时，杰克已到外地地了，后来就把这件事给忘了。杰克觉得自己错怪了汤姆，他带上从陶罐里采摘的鲜花到汤姆家表示真诚的道歉。

后来，他们重新成为了朋友，而且感情比以前更好了。

心灵感悟

一对很要好的朋友因为几袋大米反目成仇；一对仇人因为一个陶罐而又重归于好。到底是什么原因使他们之间发生了如此大的转变？是误解和宽容。

误解造成仇恨，宽容化解仇恨。

人与人之间的误解是避免不了的，因而可能导致仇恨，最好的方式是以宽容的心态将仇恨栽培成一盆鲜花，让自己的心里开花才能让周围遍地开花。

粉白色的风衣

李云是我的同学，比我大一岁的她，经常称我为小鬼。我们一起吃饭，一起上课，一起看电影……同学们据此以为我们是好朋友。

然而，我自己却一直认为，李云不可能与我成为亲密无间的朋友：她是独生女，家里又很富裕，而我，只是一名来自贫困家庭的农家女——我们常常在一起的原因，仅仅是因为我们住在同一个寝室。

悬殊的经济差距，成了我和李云之间的"交际分水岭"。李云经常盛情地请我吃麦当劳、肯德基，但每次都遭到了我的婉言拒绝。

后来，我请李云吃了两次我们老家的特产——脐橙。这让李云终于找到了说服我的理由——她说："小鬼，你请我吃了你们老家的特产，我一定要回报你的——滴水之恩，当涌泉相报嘛！"

此后，李云再请我吃麦当劳、肯德基时，我就没有再拒绝。

一天，她穿了件新买的粉白色的风衣，如同一只美丽的天鹅，和丑小鸭似的我一起走进教室，然后坐在一起自习。

看了一会儿书后，我又习惯性地旋起了未上笔套的钢笔。

随着转速的加快，钢笔的离心力也越来越大。突然间，钢笔挣脱了我手指的约束，不听话地向李云身上飞去。

一时间，我手足无措。

等李云明白过来时，她风衣的胸前处，已经被墨汁染黑了一小块——周围另有几点颜色稍黑的小黑点。

"小鬼！"李云瞬间气得涨红了脸，转过头朝我低声吼了一句。

我知道自己赔不起那件衣服，因为在打折的情况下，李云都花了368元——那可是我两个月的生活费呀。于是，我怀着愧疚，惶恐而小心地对她说："下自习后，我……我帮你……洗洗吧！"

"不用了，我们家有专门用来除去墨汁的洗涤剂，下周我回家去洗一洗，应该没问题的。"细心的李云很快察觉出了我的惶恐，于是就压住怒气，反过来安慰我说："行了，好好上自习吧。"

我一听，心里稍稍安慰了一些。

半月之后，李云重新穿上了粉白色的风衣，上面果真变得干干净净，一点墨汁都看不出来了。我的愧疚这才慢慢消失，忐忑不安的心情也随之渐渐平静了下来。

此后，我们还是一起吃饭，一起上课，一起看电影……但李云仍然未能彻底走进我的心中——我常常在想：李云之所以没有改变对我的态度，是因为墨迹洗掉了——假使墨迹没有洗掉，李云会怎样对我呢？

不久，放寒假了。因为顺路，我和几名同学中途到了李云的家。在李云的卧室里，我无意中看到了一件挂在衣橱角落里的风衣：粉白的底色将上面的墨迹衬托得分外惹眼……

一瞬间，我什么都明白了。与此同时，一种叫感动的东西，一下子便冲破了横亘在我心中的那道"分水岭"——我走过去，抱住了李云，哭了……

我不知道友谊该怎么定义，但经过这件事之后，我知道李云应该是我真正的朋友。

心灵感悟

尊重，就是把对方的人格置于与自己人格平等的位置上，它是一切友谊的开始和基本保障。它能唤醒自尊，激发人格力量。爱心与善良是快乐的源泉，宽容与仁慈是友谊的温床。

这棵树上只有一个果子，叫做"信任"

现代人的友谊，很坚固又很脆弱。它是人间的宝藏，需要我们珍爱。友谊的不可传递性，决定了它是一部孤本的书。我们可以和不同的人有不同的友谊，但我们不会和同一个人有不同的友谊。友谊是一条越掘越深的巷道，是没有回头路可以走的，刻骨铭心的友谊也如仇恨一样，没齿难忘。

友情这棵树上只结一个果子，叫做信任。红苹果只留给灌溉果树的人品尝。别的人摘下来尝一口，很可能酸倒了牙。

友谊之链不可继承，不可转让，不可贴上封条保存起来而不腐烂，不可冷冻在冰箱里永远新鲜。

友谊需要滋养。有的人用钱，有的人用汗，还有的人用血。友谊是很贪婪的，绝不会满足于餐风饮露。友谊是最简朴同时也是最奢侈的营养，需要用时间去灌溉。友谊必须述说，友谊必须倾听，友谊必须交谈的时刻双目凝视，友谊必须倾听的时分全神贯注。友谊有的时候是那样脆弱，一句不经意的言辞，就会导致大厦顷刻倒塌。友谊有的时候是那样容易变质，一个未经证实的传言，就会让整盆牛奶变酸。这个世界日新月异。在什么都是越现代越好的年代里，唯有友谊，人们保持着古老的准则。朋友就像文物，越老越珍贵。

礼物分两种：一种是实用的，一种是象征性的。

我喜欢送实用的礼物。

不单是因为它可以为朋友提供立等可取的服务，更因为我的利己考虑。此刻我们是朋友，十年以后不一定是朋友。就算你耿耿忠心，对方也许早已淡忘。

速朽的礼物，既表达了我此时此刻的善意，又给予朋友可果腹可悦目可哈哈一笑或是凝神端详的价值，虽是一次性的，但留下美好的瞬间，我心足矣。象征久远意义的礼物，若是人家不珍惜这份友谊了，留着就是尴尬。或丢或毁，都是物件的悲哀，我的心在远处也会颤抖。

若是给自己的礼物，还是具有象征意义的好。比如一块石子一片树叶，在别人眼里那样普通，其中的美妙含义只有自己知晓。

电话簿是一个储存朋友的魔盒，假如我遇到困难，就要向他们发出求救信号。一种畏惧孤独的潜意识，像冬眠的虫子蛰伏在心灵的旮旯儿。人生一世，消失的是岁月，收获的是朋友。虽然我有时会几天不同任何朋友联络，但我知道自己牢牢地黏附于友谊网络之中。

心灵感悟

利害关系这件事，实在是交友的大敌。我不相信有永久的利益，我更珍视患难与共的友谊。长留史册的，不是锱铢必较的利益，而是肝胆相照的情分，和朋友坦诚的交往，会使我们留存着对真情的敏感，会使我们的眼睛抹去云翳，心境重新开朗。

住在车棚里的朋友

刘刚和妻子小芳刚刚熄灯睡觉，就听到外面有人按响了门铃，刘刚只好起来开门。他先从猫眼向外看，只见外面站着一位手提行李包的男人，再仔细一看，认识，是他大学时的同学，叫林雪峰，他们有许多年没见过面了。

刘刚热情地请老同学进门，林雪峰放下行李，脱掉鞋子，才小心翼翼地进来。进门后，刘刚在灯光下才看清楚，这位老同学怎么搞的？原本黑色的行李包变成了灰色，裤腿上还沾有两小片草叶，像是刚从垃圾场过来。

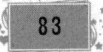

惜缘
——相遇是最美丽的奇迹

林雪峰苦笑说:"我出来快半年了,跑了许多地方,还没找到工作。你看看,弄得一副狼狈相。听说深圳机会多,我就过来这儿碰碰运气。"

刘刚说:"别灰心,你在深圳会找到工作的。"说完,就招呼老同学洗澡、吃饭,然后安排他睡下来。

小芳好像不太欢迎林雪峰,她悄悄地跟刘刚说:"这个人住在家里我怪不舒服的,你得想办法让他快点儿走,最好明天就走。"

刘刚说:"他是我老同学,我怎么好意思赶他?"

小芳想了想说:"那么这样吧,我们说要出差。他总不至于一个人赖在我们家不走吧?"刘刚听了,叹了口气,没有吱声……

第二天清早,刘刚夫妻和林雪峰一块吃饭。小芳假意问林雪峰有什么困难,林雪峰说:"最难的是没有落脚的地方。"

小芳说:"本来你可以住在我们家,可事不凑巧,我和刘刚都要出差,今天下午就走,最少要几个月后才能回来。非常抱歉。"

林雪峰笑一笑说:"没关系,吃完饭我就走。"

吃完早饭后,林雪峰真的告辞了。刘刚把他送到楼下,林雪峰忽然指着楼下的一排小平房,问:"这些小平房是车棚吧?"刘刚说:"对,第二间是我的。"林雪峰说:"我想把行李暂时放在你的车棚里,不知道行不行?"刘刚说:"当然可以。"他当即打开车棚门,让林雪峰把行李放进去。

林雪峰说:"还要麻烦你把车棚的钥匙给我一把。"

刘刚脱口说:"用不着,你回来拿东西说一声就行了。"

林雪峰说:"你和小芳都出差了,谁帮我开门?"

刘刚听这话脸红了,不自然地说:"也是。"就给了林雪峰一把钥匙。林雪峰问:"要是我拿走行李时,你们出差还没回来,钥匙放在哪里?"刘刚想了想,说:"放进我的信箱里吧。"放好行李后,刘刚目送林雪峰远去,他真心希望老同学快点儿找到工作。

回到楼上,小芳却埋怨说:"你不该把车棚的钥匙给他,万一他把我们的摩托车偷走怎么办?"刘刚听了,不高兴了,说:"林雪峰绝对不是那种人。"

小芳还是不放心,她多了一个心眼,用铁链把摩托车栓到铁门上。晚上,小芳一直惦记着自己的那辆摩托车。第二天,天一亮她就跑下楼到车棚去看。结果,小芳发现不但摩托车完好无损,车棚还被扫得干干净净的,墙角有两块折叠整齐的纸板。

小芳把她的发现告诉刘刚，刘刚说："我的老同学晚上很可能是在车棚里睡觉呢。"小芳不信。当晚，两人就守在窗口，盯住车棚看。守到夜里12点多种，果然看见林雪峰回来开门进了车棚。刘刚难过地说："唉，我的老同学一定是走投无路才来找我，我这样对他，太不应该了。"他要下去把林雪峰请上来。

小芳拦住丈夫说："你疯了，这样下去不是丢尽脸面了吗？万一姓林的向你所有的同学说三道四的。你还要不要做人？"

刘刚问："那怎么办？"

小芳说："以后我们不能在家里弄出太大的响声，晚上不要开灯，上下楼更要千万小心，总之，不能让林雪峰知道我们在家。"

从此，刘刚和小芳就像做贼一样生活，即使不坐摩托车，也戴着头盔上下楼，把脸遮住。最麻烦的是晚上，他们不敢开灯，只好摸着墙壁走。

直到两个月后，在信箱里看到一把车棚的钥匙，刘刚和小芳才长出了一口气。他们看到林雪峰只留下钥匙，却没有留下地址，也不知道他去了哪里，再看看车棚的地面，已经被他睡得又光又滑了……

真是天有不测风云，3年后，刘刚供职的公司破产了。

刘刚也像3年前的林雪峰一样，到处找工作，到处碰壁。正在心灰意冷的时候，忽然有一天，林雪峰打来电话，问刘刚愿不愿意加盟他们的公司，林雪峰已经是一家大公司的经理了。

刘刚喜出望外，他问林雪峰："你怎么知道我失业了？"

林雪峰说："其实我一直关注你。"

刘刚惭愧不已，一时冲动，就说："我……我以前骗过你，你知道吗？"

林雪峰说："知道，你和小芳一直在家，却骗我说去出差几个月。"

刘刚问："那你为什么还要对我这么好？"

林雪峰叹了一口气，说："我在走投无路的时候，曾经找过许多朋友，结果没有一个人愿意收留我，只有你很爽快地把车棚的钥匙给我，让我住在你的车棚里。正因为有你的车棚，我才站稳了脚跟，才能继续去找工作。不瞒你说，那时候我身上只剩下10块钱，和其他朋友相比，你要好得多，我应该感谢你才对。"刘刚哽咽说："你……我……"他不知道说什么好，泪水无声地流下来。

心灵感悟

滴水之恩涌泉报。林雪峰的成功，就在于他只有一颗感恩的心，而非怨恨之心。

一生的朋友

风和影是我的好朋友。风是个性格开朗的人见人爱的小女孩；影却是个性格内向、不爱表现、长得很帅气的男孩子。风好动爱玩，交了很多朋友；影呢，喜欢一个人坐在教室里，皱起眉头，不知道又关心什么国家大事，伊拉克战争，还是日本大地震？不过，他俩都喜欢音乐，而我对音乐却是一窍不通。

我和风分到一个班级就成了好朋友，原因很多，同名、同桌，生日就差了三天。同学们都认为我们是一对好姐妹。每天放学，我骑着车子带她回家，路上我们当然要聊学校的乐事。风负责学校的展板，影能写会画，又坐在我的后边，自然被风选做展板的助手。我啥也不会，就给他俩打下手。天边的晚霞散去了，夜幕降临，黯淡的光线使我着急起来。"你怎么不着急啊？天黑了……"影就跟没听见似的，老牛破车，急死人。我唠叨了几句，就到院子里溜达，管他们忙不忙！

"你怎么跑到这儿来了？我找了你半天了。风说你生气了，真的吗？"影边走边说。

"刚才我说话太重了，你没介意吧？"

"你刚才说什么，我都忘了。"

我笑了，他也笑了。从那以后，风、影和我成了好朋友。

"这是谁的信？风和影又是哪位神仙？"有位同学拿着一封信边说边向我走来。我看了看信，原来是风和影的。我把信抢过来，看着同桌的风和后边的影，两人似乎都不高兴了。风告诉我是昨天不小心弄掉了的，也许是值日生捡去了。影哭了，为了风的粗心大意，觉得自己很没面子。作为他们共同的朋友，我决定为他们当调解员。调解了半天，还是风先向影道了歉，影才勉勉强强露出了笑脸，这么小的事情，就可以这么麻烦，幸亏

86

有我调解，不然他们还不一辈子不说话。我很高兴，能为他们牵一根友谊的线，我心里很有成就感。风经常在信中气影，影屡屡中招，影也气风，可效果很差，风天生不是容易生气的人。我说过，她是个外向活泼的女孩。

星期天，他们就打电话，仿佛一天不见都不行，都攒了不少的话要说，晚一天都不行。他俩的电话能坚持一个多小时。我给风打电话，老是占线，给影打，也是占线。一定是他们俩又煲电话粥了。

"真不容易，总算是拨通了。风，让我看看你的参考书吧？"

"真不好意思，在影那儿呢。"

"怎么搞的，练习册上的题目真难，我几乎全军覆灭。你打开第九页……"

"真不巧，练习册也在影那儿。"

"……"

我有些嫉妒影，因为风和我打电话从来没超过一小时；我也羡慕风，因为影从来不给我打电话聊天。

高二开学了，我和风依然同桌，彼此也更加了解。影没有继续做我的后桌。距离远了点儿说话就少了。风和影依然写信聊天，煲电话粥。我发现信中的影和平时的他差别很大，信中的那个男孩子机智幽默，开朗得很，什么都说。写信就成了我们交流的主要方式。高二时我们学习很紧，我和风同时给距离稍远的影写信，慰问他，问他累不累。"学习忙，我的信你可以不回，但是不能忘了风。"我在信中提醒他。我这样自作多情，或者热情过分，不知风高不高兴，喜不喜欢。果然，风知道了后，不太高兴的样子。影也给我回了信，但是只字未提我上一封信的内容，后来，我感觉得到，他给我回信的态度有些变了，有些勉强。

"下周五是影的生日，你送他礼物吗？"放学路上，我问风。

"你怎么知道，你早已准备好了吧？"风的口气怪怪的。

"难道你真的不知道？"

那天我送一只玻璃鱼，风也为他叠了三百六十五只鹤，用的是彩色的玻璃纸。

"你够有心的，也很有毅力。"我笑着对风说。

风还为影唱了一首歌。

一个月后。

"明天我去区里参加运动会了，不能陪你过生日了，你一定要开开心

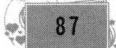

心的哟!"风不在，只有影。"你唱支歌吧!"我向影提议。"你先唱。""我哪儿会啊……"我俩谁也没唱，就回家了。那天我哭了，不知为什么。过了几天，又赶上风的生日了。"你可不能惹她生气，她要是不高兴了我可饶不了你。"我又写信给影。那天风的生日，影果然很听话，没惹任何人生气，看着他们笑得那么开心，我也挺满足的。时间在我们的笑声中流逝，都说时间能冲走一切，友情却例外了——我是说我们三个人之间的感情，两个女孩，一个男孩。我们之间的点点滴滴都显得很可爱，很宝贵。

"回家路上小心啊!""来得这么早，真用功啊!""我又惹影生气了。""你气风了吗?"

"……"

都是一些平平常常的话语，可是句句都让我们体会到友情的温暖。我们的故事还在继续，我们之间的友谊也会加深。也许以后会改变，但是我们都是真诚和坦荡的，谁也不会隐瞒什么。

心灵感悟

娓娓道来的故事，述说两个女孩和一个男孩的友谊，只是其中的风和影让人有点琢磨不透。也许这个年纪，就是这样的吧！纯纯的感情，小小的故事，却也依然感人，依然动听。他们的故事还在继续，他们的友谊也在加深。他们都相信他们的真诚和坦荡是永远不会改变的。

蛛丝和梅花

真真的就是那么两根蛛丝，由门框边轻轻地牵到一枝梅花上。就是那么两根细丝，迎着太阳光发亮……再多了，那还像样么。一个摩登家庭如何能容下蛛网在光天白日里作怪，管它有多美丽，多玄妙，多细致，够你对着它联想到一切自然造物的神工和不可思议处；这两根丝本来就该使人脸红，且在冬天够多特别！可是亮亮的、细细的，倒有点像银，也有点像玻璃制的细丝，委实不算讨厌，尤其是它们那么洒脱风雅，偏偏那样有意无意地斜着搭在梅花的枝梢上。

你向着那丝看，冬天的太阳照满了屋内。窗明几净，每朵含苞的、开透的，半开的梅花在那里挺秀吐香，情绪不禁迷茫缥缈地充溢心胸，在那刹那的时间中振荡。同蛛丝一样的细弱和不必需，思想开始抛引出去；由过去牵到将来，意识的，非意识的，由门框梅花牵出宇宙，浮云沧波踪迹不定。是人性，艺术，还是哲学，你也无暇计较，你不能制止你情绪的充溢，思想的驰骋，蛛丝梅花竟然瞬息可以千里！

好比你是蜘蛛，你的周围也有你自织的蛛网，细致地牵引着天地，不怕多少次风雨来吹断它，你不会停止这生命上基本的活动。此刻……"一枝斜好，幽香不知甚处，"……

就拿梅花来说吧，一串串丹红的结蕊缀在秀劲的傲骨上，最可爱，最可赏，等半绽将开地错落在老枝上时，你便会心跳！梅花最怕开，开了便没话说。索性残了，沁香拂散同夜里炉火都能成了一种温存的凄清。

记起了，也就是说到梅花，玉兰。初是有个朋友说起初恋时玉兰刚开完，天气每天的暖，住在湖旁，每夜跑到湖边林子里走路，又静坐幽僻石上看隔岸灯火，感到好像仅有如此虔诚的孤对一片泓碧寒星远市，才能把心里情绪抓紧了。放在最可靠最纯净的一撮思想里，始不致亵渎了或是惊着那"瘖瘝思服"的人儿。那是极年轻的男子初恋的情景，——对象渺茫高远，反而近求"自我的"郁结深浅——他问起少女的情绪。

就在这里，忽记起梅花。一枝两枝，老枝细枝，横着，虬着，描着影子，喷着细香；太阳淡淡金色地铺在地板上：四壁琳琅，书架上的书和书签都像在发出言语；墙上小对联记不得是谁的集句；中条是东坡的诗。你敛住气，简直不敢喘息，踮起脚，细小的身形嵌在书房中间，看残照当窗。

花影摇曳，你像失落了什么，有点迷惘。又像怪东风着意相寻，有点儿没主意！浪漫，极端的浪漫。"飞花满地谁为扫？"你问，情绪风似地吹动，卷过，停留在惜花上画。再回头看看，花依旧嫣然不语。"如此娉婷？谁人解看花意"，你更沉默，几乎热情地感到花的寂寞，开始怜花，把同情统统诗意地交给了花心！

这不是初恋，是未恋，正自觉"解看花意"的时代。情绪的不同，不止是男子和女子有分别，东方和西方也甚有差异。情绪即使根本相同，情绪的象征，情绪所寄托，所栖止的事物却常常不同。水和星子同西方情绪的联系，早就成了习惯。一颗星子在蓝天里闪，一流冷涧倾泻一片幽愁的平静，便激起他们诗情的波涌，心里甜蜜，热情便唱着由那些鹅羽的笔锋散下来的"她的眼如同星子在暮天里闪",或是"明丽如同单独的那颗星,照着晚来的天",或"多少次了,在一流碧水旁边,忧愁倚下她低垂的脸"。

惜花,解花太东方。亲昵自然,含着人性的细致是东方传统的情绪。

此外年龄还有尺寸,一样是愁,却跃跃似喜,16岁时的,微风零乱,不颓废,不空虚,踏着理想的脚充满希望,东方和西方却一样。人老了脉脉烟雨,愁吟或牢骚多折损诗的活泼。大家如香山、稼轩、东坡、放翁的白发华发,很少不梗在诗里,至少是令人不快。话说远了,刚说是惜花,东方老少都免不了这嗜好,这倒不论老的雪鬓曳杖,深闺里也就攒眉千度。

最叫人惜的花是海棠一类的"春红",那样娇嫩明艳,开过了残红满地,太招惹同情和伤感。但在西方即使也有我们同样的花,也还缺乏我们的廊庑庭院。有了"庭院深深深几许"才有一种庭院里特有的情绪。如果李易安的"斜风细雨"底下不是"重门须闭"也就不"萧条"得那样深沉可爱;李后主的"终日谁来"也一样的别有寂寞滋味。看花更须庭院,常常锁在里面认识,不时还得有轩窗栏杆,给你一点凭借,虽然也用不着十二栏杆倚遍,那么懦弱无聊。

当然旧诗里伤愁太多:一首诗竟像一张美的证券,可以照着市价去兑现!所以庭花,乱红,黄昏,寂寞太滥,时常失却诚实。西洋诗,恋爱总站在前头,或是"忘掉",或是"记起",月是为爱,花也是为爱,即使全是真情,也未尝不太腻味。就以两边好的来讲。拿他们的月光同我们的月色比,似乎是月色滋味深长得多。花更不用说了;我们的花"不是预备采下缀成花球或花冠献给恋人的",却是一树一树绰约的,个性的,自己立在情人的地位上接受恋歌的。

所以未恋时的对象最自然的是花,不是因为花而起的感慨,——16岁时无所谓感慨,——仅是刚说过的自觉解花的情绪。寄托在那清丽无语的上边,你心折它绝韵孤高,你为花动了感情,实说你同花恋爱,也未尝不可,——那惊讶狂喜也不减于初恋。还有那凝望,那沉思……

一根蛛丝!记忆也同一根蛛丝,搭在梅花上就由梅花枝上牵引出去,虽未织成密网,这诗意的前后,也就是相隔十几年的情绪的联络。

午后的阳光仍然斜照,庭院阒然,离离疏影,房里窗棂和梅花依然伴和成为图案,两根蛛丝在冬天还可以算为奇迹,你望着它看,真有点像银,也有点像玻璃,偏偏那么斜挂在梅花的枝梢上。

心灵感悟

　　蛛丝与梅花的牵连，牵引出了赏梅品花的含蓄凄清韵致，当窗解花的诗意浪漫温存，以及东方人独有的纯净内敛细腻婉约的情感特质与审美倾向。蛛丝恰如一根思维的藤蔓，装上了联想的翅膀，延展出一片美妙无比的审美空间，正有"记得绿罗裙，处处怜幽草"之妙。

鸡蛋番茄面

　　他推门进来的时候，她已经很清楚他是为何而来。

　　他已经三个月没有回家了，关于他的故事一条街都知道，那是另外一个年轻且美丽的女人。其实他很矛盾。如果不是那个女人以死相威胁，他是没有勇气和她摊牌的。

　　他坐下来的时候，心居然跳得厉害，像个做错事的孩子终于面对家长。

　　她却很平静。就像以前他下班回家一样，她给他端来一杯茶，轻轻地问："吃过饭了吗？"他点点头。他突然觉得她很陌生，这和从前是两种完全不同的感觉。他原以为她会冲上来骂他，打他的耳光，但此时她却冷静得让他惶恐："难道自己在她心里并没有想象的那么重要？"这也好，他总算有个借口，把那两个字说出来。他说，我对不起你，我会在经济上给你补偿的。

　　她还是那么平静如水，甚至长舒了一口气，如释重负的样子。或许这对于他们都是一种解脱。她还笑了笑说，这样也好，我现在的确不适合你了，她比我好，我们都开始新的生活吧，我祝福你。

　　一切比他想象中的要顺利和轻松得多，他甚至在暗暗嘲笑自己过于自作多情了，现在谁还会撕心裂肺呢？再说，那笔钱，足够她下半生衣食无忧。

　　在他站起来准备告辞的时候，她亲切地微笑着说："让我再给你做一碗鸡蛋番茄面吧，这也许是最后一次了。"

　　他的心颤了一颤。那年，他流浪到这个城市，身上没有一分钱，实在饿得不行，便去一家小饭馆乞求老板赏碗面给他吃。老板黑着脸把他往外推，她是老板的女儿，她说，爹，让我做碗面给他吃吧。

　　那是他一生中吃过的最美味的东西。她简直把一碗面做成了艺术品，煎得黄灿灿的鸡蛋，红的番茄、绿的葱花和白的面条，那颜色搭配得像一幅巧妙的画。

后来她成了他的妻，他最爱吃的东西还是她做的鸡蛋番茄面。每一次，她都能用那几样最平常的原料做出让他拍案叫绝的佳肴。

她下厨的时候，他心里涌起一种深深的痛惜，他以后再也吃不到这样的面条了，但转念又想，现在自己这么阔，吃什么不行，还在乎这碗面条。

面条很快端到了他的面前，令他惊诧不已的是，她从来没有把面条做得如此糟糕过，鸡蛋糊了，番茄煮烂了。他皱了皱眉，挑了两根送到嘴里，很明显，她忘了放盐。怎么会这样呢？

他眼圈红了，她为了让自己不带负罪感地离去，居然可以把戏演得这样逼真。只是这碗面条，让她穿了帮。他三下五除二地把这碗面条吞下肚，站起身来，他知道自己该怎么做。这面条，他准备吃上一辈子。

心灵感悟

在《鸡蛋番茄面》里，不管女主角掩饰得如何好，总会有有破绽的地方，"她从来没有把面条做得如此糟糕过，鸡蛋糊了，番茄煮烂了"，这是为何？因为心中之爱就要消失。然而，我们不得不为女主角的大量与智慧鼓掌喝彩。"让我再给你做一碗鸡蛋番茄面吧，这也许是最后一次了。"为了挽救他们的幸福，她欲擒放纵，成全他，让他去追逐他的幸福。这令我想起一首歌："很爱很爱你，所以愿意不牵绊你，让你往更多幸福的地方飞去，很爱很爱你，只有让你拥有爱情，我才安心。"试想一下一个在纸醉金迷中迷失爱的方向的人。用什么可以点醒他？撒泼？威胁？都不是。理解、温存、体贴、付出、宽容才是解决婚姻桎梏的秘诀。婚姻是什么？讲白了，就是身上的皮袄，穿着温暖，过得踏实，觉得惬意。其实，爱一个人很简单，只要用他（她）内心深处最初的感动去感动他（她），就可以获得心中之爱了，比如一碗鸡蛋番茄面。

两棵树的守望

一粒树种被埋在瓦罐下已有些时日了，昏昏沉沉中，她忽然听到一声很轻微的爆裂声，她一下子被同类的这种声音鼓舞了，开始没日没夜地试着冲出黑暗。她的努力没有白费，在这个春天即将结束的时候，她终于咬破了瓦罐的一丝缝隙，顶出了一片嫩黄的叶子。

好不容易探出头来的她还没来得及站稳脚跟，就开始迫不及待地寻找先她破土而出的那粒种子。她发现他就在离她不远的院子里，已有半米多高了，自己却被压在一堵高墙下。

为了往上长，她拼命地吮吸着阳光和雨露，不管雷雨大作还是狂风肆虐，她都挺直腰杆努力向上。尽管瓦罐刺破了她的脚掌，墙壁磨伤了她的肌肤，她都心无旁骛，甚至拒绝了一棵向日葵的献媚，一株剑兰的示爱。冬天到来的时候，她终于长到半米高了，他却早已越过墙头，任她怎么努力也够不着他一根细细的枝条。

这个冬天似乎特别漫长，她常常在寒风中抖动着她细细的枝条向他招手，他却根本没有发现她对他的仰慕。既然牵不到他的手，那就缠绕住他的根须吧。于是，她竭尽全力将根须向他的方向爬去，全然不顾瓦片的锋利和墙壁的挤压。当春天到来的时候，她细小的根须终于接触到了他的根须。

一股轻轻怯怯的缠绕终于使他注意到了他的存在，他这才发现她和她满身的伤痕。他把自己有力的根须小心地从那些伤口绕过去，再将她密密地包裹起来。

春去春又来，他的枝叶已覆盖了半个院子，他已能傲视院子里所有的花草树木了。望着他伟岸挺拔的身躯，再看看自己尚嫌弱小的身体，她似乎永远也无法达到和他并肩的高度，她有些灰心也有些胆怯了。他仿佛看穿了她的心事，根须更有力地攀紧她。她被他有力的筋骨提携着，一点一点地变高变粗。现在，她也能越过高高的墙头，和他一起倾听微风的呢喃，细数天上的白云了。

那是一个狂风大作的深夜，风狞笑着一次次向她发起进攻，每一次摇动都会使她的肌肤和石墙发生摩擦并留下道道伤痕，根部更是撕裂般的疼痛。为了减轻她的痛苦，他的身子尽量向她倾斜，像老鹰保护自己的雏儿一样把所有的枝条伸展开，全力为她抵挡住向她席卷而来的风暴，他的条条根须像一根根细小的绷带，将她密密麻麻地缠绕起来。数不清的根须你缠我，我绕你，已分不清谁是谁。在暴风雨面前，他们已融为一体。

斗转星移，一个月华如水的秋夜，纷纷扬扬的米粒般的花苞轻轻悄悄地撒满了她的树冠。整座院子飘满了幽雅的清香，他一下子被这少有的奇香唤醒了，他想要叫醒她，和她一起分享这份美好。但是，他呆住了：她

第二篇

◆ 爱中有天堂

正以前所未有的美丽向他微笑，她身上的每一朵细小的花瓣都盛满了这醉人的清香。

他默默地注视着她，为她的美丽、她的绽放而感动。只有他知道，为了这一天，她付出了多大的痛苦和代价，那些斑斑驳驳的伤痕就是最好的证明。

天大亮的时候，一些人推倒了院墙，比比画画地来到他们的跟前："这棵桂树的花可真香啊，就留下吧，把白杨刨了。"

随着锄头的深入，他们缠绵交错的根须展露在人们面前，怎么分都分不开。"真是奇怪，两棵树的根怎么也分不开。"人们不知道，为了能彼此拥有，他们付出了多少努力。

在白杨倒下的一刹那，所有的桂花纷纷坠地，洋洋洒洒仿佛下了一场桂花雨。过了没几天，人们发现桂树死了，倾斜着倒在白杨残余的树干上。

心灵感悟

人生最能感天动地的，非坚贞不渝的生死恋莫属。《两棵树的守望》用拟人的手法，通过写桂花树与白杨树相识、相知、相爱的经过，表现了人世间最为动人的爱情。两棵树用他们的生命，谱就了一曲生死恋歌。

我想，真正的爱只有相守相望，不存在生离死别。

已婚的和未婚的

一位母亲给儿子讲了一个故事——

年轻的父亲和好朋友都是建筑工人，他们正在尚未竣工的大楼外面的护栏上干活，护栏离地面有几十米高。

突然，他们站立的木板断裂了。一刹那，两个人同时从几十米的高空落下。他们都认为自己完了。幸运的是，一个防护杆拯救了他们。但两个人实在太重了，脆弱的防护杆只能承受一个人的重量，他们中间必须有一个人放开手，然而求生的本能让他们都紧紧地抓住了防护杆。时间一点点过去，防护杆吱吱地作响。眼看马上就要断了。

这时，年轻的父亲含着眼泪对好朋友说："我还有孩子！"

未婚的好朋友只是静静地说了一句："那好吧！"然后就松开了手，像一片树叶一样落向了水泥地面,把生的希望留给了年轻的父亲……

"妈妈,我希望有这样的事情,但它只是个故事。"儿子不以为然地说。

"孩子,那个得救的人就是你的爸爸,而他所说的孩子就是你。"母亲眼里含着眼泪。空气顿时凝固了,儿子望着母亲,颤抖地说:"叔叔一定是空中飘着的最美丽的树叶,是吗?妈妈。"

"是的,那片美丽的树叶现在一定飞向了天堂。"母亲默默地闭上了眼睛,一滴泪水悄然滑落脸庞。

心灵感悟

既不请求别人也不答应别人去做卑微的事情,一心想着为对方尽一点绵薄之力,让别人能从自己的放弃中寻找到人生的希望,这是人一生中最美的赞歌。

世上还是好人多

在福克刚满8岁的时候,他和他的几个兄弟姐妹变成了孤儿。一个穷亲戚收留了福克,其他几个则进了孤儿院。

福克靠卖报养活自己。那年月,报童如菜园里的蚂蚁那么多,瘦小个子的便不容易争到地盘。福克常常是拳头挨够,苦头吃尽。从炎热的夏日,到冰封的隆冬,福克在人行道上叫卖;比这多得多的,是世态的炎凉。福克小小年纪,早已看破红尘世俗。

一个暮春的下午,一辆电车拐过街角停下,福克迎上去透过车窗卖了几份报。车正在启动的时候,一个胖男子站在车尾踏板上说:

"卖报的,两份!"

福克迎上前去丢上两份报。车开动了,那胖男子举起1角硬币只管哄笑。福克追着说:"先生,给钱。"

"你跳上踏板,我给1毛。"他哈哈笑着,把那个硬币在两个掌心里搓着。车子越来越快。

福克把一袋报纸从腋下转到肩上,纵身一跃想跨上踏板,却一滑脚仰天摔倒。他正在爬起,后边一辆马车"吱"的一声擦着他停下。

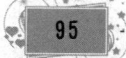

车上一个拿着一束玫瑰花的妇人,眼里噙着泪花,冲着电车骂粗话:"这该死的简直没有人性!"然后又俯身对福克说:"孩子,我都看见了。你在这儿等着,我就回来。"随即对马车夫说:"汤姆,追上去,宰了他!"

福克爬起来,擦干眼泪,认出拿玫瑰的妇人就是电影海报上画着的大明星詹妮佛小姐。

十多分钟后,马车转回来了,女明星招呼福克上了车,对马车夫说:"汤姆,给他讲讲你都干了些什么。"

"我一把揪住了那家伙,"汤姆咬牙说,"左右两拳把他揍了个乌眼青,又往他太阳穴补了一拳。报钱也追回来了。"说着,把1枚硬币放在福克的手中。

"孩子,你听我说,"詹妮佛对福克说,"你不要碰到这种坏蛋就把人都看坏了。世上坏蛋是不少,但大多数都是好人——像你,像我,我们都是好人,是不是?"

福克感动地哭了。

心灵感悟

善良是一种智慧,是一种远见,是一种快乐,善良可以把人的精力集中到有意义的事情上。

姑 妈

我的老家在殷城县城乡接合部,隔壁是一所小学校。也不知从什么时候起,学校里多了一位小老师。小老师苍白的脸上总带着懵懂无知的神情,挺招人疼。姑妈正值妙龄,本不爱读书,平时从未跨进小学校一步,琅琅的读书声充耳不闻。后来却有事没事支棱着耳朵,听小老师讲课。小老师说话不疾不徐,字正腔圆,富有音乐质感的磁性声音源源不断地从教室的窗口飘出来,绕过密密匝匝的丝瓜藤和豆角蔓,爬上我家的窗棱,在姑妈的耳轮上磨蹭,穿透了姑妈的芳心。姑妈时不时瞟一眼小老师,自个儿的脸蛋儿就不禁红透了。

此后的故事就落入了俗套,不外乎是那些缝衣补衫、端茶送水之类的小把戏，再后就是求爱、结婚，小老师成了我的姑夫。

谁也没想到，这个文文静静的小老师竟是中共殷城县委副书记。殷城县解放了，姑夫领着一群学生欢迎解放军进城，身份才得以暴露。暴露了身份的姑夫不久公开做了中共殷城县委副书记、殷城县人民政府县长，领导了大规模的剿匪、镇压反革命的活动，猛一下像是长大了许多，说话的腔调也陡然洪亮粗壮起来，还带着撞击铜钟似的嗡嗡的尾音呢。

开始得知真相的时候，姑妈快乐得差一点晕死过去了，谁会想到她一个目不识丁、相貌平平的小家女子居然登堂入室，做了堂堂县太爷夫人。虽然都知道共产党把国家干部看做人民的公仆，但姑妈婚事的灵光依然笼罩了我们村长达半个世纪之久。现如今，还有上了岁数的老人瘪着嘴，念叨我们村曾经有过的辉煌。俺们湾子风水好着呢，老人们细细回味着说，还出过县长大人呢。

然而，姑妈的幸福生活并没有维持多久。一旦进了城，姑妈就成了睁眼瞎，灵巧的针线手艺和甜糯温软的脾性一点也帮不了她。她勉强参加了工作，到县委招待室做了服务员，勉强和姑丈保持着婚姻关系，断断续续地生了三个孩子。除此之外，她的全部功劳就定格在独自拉扯三个孩子上，一直到孩子长大成人，参加工作。孩子羽翼丰满了，拍拍翅膀都飞走了，剩下一个空旷的家和许多百无聊赖的日子。姑妈一下变得慵懒起来，索性办了内退，在与姑夫若有若无的相处中坚持将生活进行到底。后来，姑夫像一只离群许久的野鸭一样耷拉着翅膀回到了荒疏的家园，可怜巴巴地躺下来，舔自己满身的伤口。他离休了。

按说，姑夫半辈子冷落姑妈，到老了，他无职无权，又落下一身的病，姑妈大可以一报还一报了。可是姑妈不。姑妈拒绝了儿女们请个保姆的请求，亲自照料患病的姑夫，如果试图用无微不至这样的词语来形容姑妈对姑夫的看护，也绝对苍白无力。总之一句话，姑夫中风六次，倒下六次站起来五次，最后一次倒下再没有站起来：他偏瘫了。但是他卧床三载，身上连指甲盖大的褥疮都没生一个。

临终前，姑夫神志清醒，还能言语，支走了子女们，要和姑妈交心。

姑夫说：我一辈子对不起你，你能原谅我吗？姑妈抿嘴一笑。

姑夫说：我想赎我的罪，可我没机会了。姑妈又是抿嘴一笑。

姑夫说：我瞒着你攒了15万元钱，都留给你。姑妈抿嘴笑着，摇摇头。

姑夫说：我向你坦白，我一辈子除了你，和7个女人好过。姑妈咧嘴笑了。

姑夫说:我这一辈子除了欠你的,谁也不欠。姑妈笑眯眯地点了点头。

姑夫抖抖颤颤地伸出枯干的手,摸索了好一会儿,找到了姑妈的手。姑夫把姑妈的手握在手心里,一遍遍摩挲,摸到了厚厚的老趼。姑夫的手指在老趼上停留了好一会儿,挣扎着说:玉枝,你好歹给我句话,我到底咋样补偿你?

老钱,你永远补偿不了我,我就让你欠着我的。姑妈终于不笑了,冷冷地说。

姑夫大睁着无助的眼睛,满负着债务走了。

料理完姑夫的后事,一向健康的姑妈一下子病倒了。送到医院一检查,姑妈全身都是病。大夫责怪她,你平常干吗去了,怎么一点也不关心自己的身体呢?大夫的话,说得她泪眼汪汪。

心灵感悟

《姑妈》成功塑造了一个对爱情和婚姻坚贞的形象。当姑妈成为县长夫人时,村里的人都认为姑妈飞上枝头变成了凤凰,过上了幸福的日子,没人想到姑妈却在忍受着冷落与空虚的煎熬。她没有背叛丈夫,勉强参加工作,和丈夫保持着婚姻关系,在冷淡的相处中坚持将生活进行到底,甚至在丈夫离休患病后也没有抛弃过丈夫,亲自照料他。对爱情、对婚姻的坚贞成就了姑妈的伟大,同时也造成姑妈一生的悲哀,使她的青春在冷落中浪费,独守空房,度过许多百无聊赖的日子。文中没有姑妈受冷落的细节,但淡化的细节却容易让人想到姑妈默默承受的煎熬。

文章淡淡地描述姑妈的一生,但折射出许多农村妇女的人生。寥寥几句对话,含义深刻,令人深思。

第三篇
冰淇淋在流泪

老师远去的背影令我伤心

念高二那年，我的功课非常糟糕。谢风老师接管我们班之前，我已被历届班主任找去单独谈过话，早已经"皮"了。

谢风老师毕业于西北大学，学识渊博，讲起课来生动而有趣，是一个对学生非常好的长辈。其实，谢风老师不过35岁，一点也不老。

谢风老师来教我们班不久，就成了好多女生的偶像。我在听他讲课时，也往往会为之沉醉。但我和谢风老师一直很疏远，原因是我的功课实在是太糟糕了。

这年期中考，当我又"光荣"地拿了个倒数第一时，我被谢风老师扣下了。

谢风老师第一次沉下脸质问我："为什么要旷课？"

他把考勤本递给我，我才发现，一个月内我竟然旷了十天课，早该开除了。

我迎着他的目光，毫无悔意地答："如果你今年17岁，你的父母离婚，你还有兴趣读书吗？"

他怔一下，继而说："从今天起，你每天留下来，我给你补课。高中二年级是最重要的一年，如果你考不上大学，你会后悔一辈子！"

我看了他一眼，并不把此话放在心上。

隔日，我照例没有去上课，艳阳高照了，还躲在被窝里听CD。母亲出去约会，她抛弃了我爸，却不结婚。作为一个母亲，她只负责给我钱花，给我买一件件昂贵的服装，但她却没给我一个女儿所需要的情感，每次看见她涂脂抹粉，飘然而去时，我觉得整个心都疼得揪起来。

那天，我的心情无比烦躁，又一次躲进理发店烫头发。

谢风老师找我一直找到了理发店。他盯着我的头发，眼光逐渐严厉起来。接着拿出钱包，拿出几张钞票交给理发师，冷冷地说："请您把她的头发洗了。"

在他的注视下，我乖乖地洗了头发。谢风老师一直在旁边坐着，一言不发，等了我近两个小时。

等我洗直了头发，站在他面前时，才发现他的衣裳竟然是湿的。刚才下了场大雨。他一定走了不少路。

我心里涌过一阵歉疚，问他："谢老师，你何苦？"

他抚了抚我的头，只说了一句："我不忍心看你如此下去。"

那一天他告诉了我一个青年的故事：十多年前，在陕北一个荒僻的小县城里，全村的人都来为一个青年送行。他是这个小县城里头一个考上大学的人，全村人都为他感到骄傲。他的家庭贫困，根本交不起学费，大学几年，他便靠着东家西家南家北家的接济生活着。然而，陕北实在是个太苦的地方，大家救济他也是心有余而力不足。对他而言，读大学实在是太重要了，他需要用知识来改变父辈的贫困。于是，他咬咬牙，开始勤工俭学，甚至卖血……

从理发店出来时，天已黑透了。谢风老师脱下外衣为我披上。那晚，他为我补课到深夜，临送我回家时又说："那个卖血的青年就是我。我在陕北教了八年书，最近才调过来。"我怔了一下。他又说："也许，念不念大学对你来说都无所谓，但你想过没有，总有一天你要离开父母，多学点东西总是好的。"

昏暗的光线中，谢风老师的眼睛黑亮而伤感。我忽然凄恻不忍。这种感觉，好久都没有了。

短短的三个月，我和谢风老师接触频繁，除了按时上课，课余时间也大半与他待在一起。

那天，我又去找他。在办公室门口，却见他背朝门坐着。我走近了，才发现里面还有一个女人，女人对他说："这些日子你早出晚归的也不知道忙些什么，一个月就那么点工资，也不知为谁卖命呢！你看大李下海两年，家里已是要什么有什么。你整天和这些小孩泡在一起有什么出息？"

我站在门外，没有进门。只看见谢老师则双手抱头，非常痛苦的样子。

那一刻，我真的很想从背后抱住谢风老师，让他哭出声来。

眼看冬天快要过去，新年晚会上，我和谢风老师合唱了一首歌。此歌是男女声合唱的情歌，与谢风老师搭档的女老师临时有病未能参加，于是我被赶着鸭子上架。

没想到一首歌引来了众多人的猜测，我原先名声就不好，加之谢风老师为我补课之事的演绎传播，一时间我和谢风老师竟然成了校园里的新闻人物。

他过生日那天，我特地买了康乃馨前去祝贺，没想到却被他的妻子拦在门外。

谢风老师的妻子还跑到学校，在校长办公室大闹了一番。

不久后，他将被调回小城。

谢风老师临走的前夜来看我。

明明是春天了，风却刮得那样大。我和谢风老师站在空无一人的街道上，好久都说不出一句话来。谢风老师微笑着拍拍我的肩，低语道："别难过，打起精神，好好念书，好吗？"

我抓住谢风老师的手，哭了。

我是一个如此寂寞的女孩，在这个世上，除了父亲之外，他就是我唯一亲近的人。这些日子他给了我父亲般的温暖，然而，周围人为什么要以想象来猜测我们之间的纯洁呢？

就这样，谢风老师从我年轻的生命中走了。他临走时没有给我留下任何通信地址。

一年后，我考上了大学，17岁的雨季终于成为过去。以后我再也没有见过谢老师，然而我却时时会想起他。偶尔，我也会翻开17岁的日记，会因忆起和谢风老师在一起的阳光岁月泪流满面。我想知道谢风老师的下落，可是，谁能告诉我……

心灵感悟

读完《老师远去的背影令我伤心》掩卷深思，不禁令我振腕长叹：这样的人间"悲剧"为什么也会在师生之间上演？异性之间即使是师生，接触过密也会引起非议，甚至导致家庭动荡与离异，或者是老师本人的调离。可我们的老师究竟做错了什么？

读完全文，我们在为那个终于考上大学的女生"我"庆幸的同时，是否如那个女生一样"会因忆起和谢风老师在一起的阳光岁月泪流满面"呢？

谁能说这不是悲剧呢？

老师的眼泪

上高中的时候，我们班只是个普通班，比起学校里抽出的尖子生组成的六个实验班来说，考上大学的机会不多，因此除几个学习好的同学很努力外，我们大多数人都只是等着毕业混个文凭，然后找个工作。

班上的班主任兼英语老师是个刚从师范学院毕业的学生，他非常敬业，但是说归说，由于许多人还是抱着破罐子破摔的想法，我们的成绩仍然上不去，在全校各科考试中屡屡倒数。

直到高二的一次英语联考，张榜公布的我们班的成绩破天荒地超过几个实验班的学生，这使我们接连兴奋了好几天。

发卷的时候到了，老师平静地把卷子发给我们。我们欣喜地看着自己几乎从没考过的高分，老师说："请同学们自己计算一下分数。"数着数着，我发现我的分数竟比实际分数高出20分，同学们也纷纷喊了起来："老师给我们怎么多算了20分。"课堂上乱了起来。

老师把手摆了一下，班上静了下来。他沉重地说："是的，我给每位同学都多加了20分，这是我为自己的脸面也是为你们的脸面多加的20分。老师拼命地教你们，就是希望你们为老师争口气，让老师不要在别的老师面前始终低着头，也希望你们不要在别的班的同学面前总是低着头。"

他接着说："我来自山村，我的父母都去得早，上中学时我曾连红薯土豆都吃不起；大学放暑假，我每天到建筑工地拉砖，曾因饥饿而晕倒。但我就是凭着一股要强的精神上完师院，生活教会我在任何时候都不能服输。而你们只不过是在普通班就丧失了信心，我很替你们难过。"

这时候教室里安静极了，我和我的同学们都低下了头。老师继续说："我希望我的学生们也做要强的人，任何时候都不服输，现在还只是高二，离高考还有一年多的时间，努力还来得及，愿你们不靠老师弄虚作假就挣回足够的分数，让老师能把头抬起来，继续要强下去。"

"同学们，拜托了！"说完，老师低下头，竟给我们深深地鞠了一躬。当他抬起头的时候，我们看到他的眼睛流出了泪水。

"老师！"班里的女生们都哭了起来，男生们的眼里也含满了泪水。

那一节课，我们什么也没有学，但一年后的高考，我们以普通班的身份夺得了全校高考第一名。据校长讲，这是学校的历史上从未有过的。

那一刻，我们每一个学生都记住了老师的眼泪。

心灵感悟

《老师的眼泪》里讲述了一位老师为了激起学生对学习的信心和希望，在一次考试中，给每一个学生的卷面都多加了20分，使全班的成

绩终于排在了尖子班的前面的故事，但在卷子发下来的那天，他哭了。每一个学生也都把老师的眼泪记在心里。在一年后的高考中，最终以普通班的身份夺得了全校高考第一名，刷新了学校的历史纪录，创造了一个奇迹。

那一滴沉重的泪水，背负着老师多少希望，背负着老师多少恨铁不成钢的期盼！

生活中，我们在任何时候都不能服输！

巴西总统的第一任老师

2002年10月27日，卢拉当选为巴西第四十任总统。这位工人出身的劳工党候选人，只读过五年小学。在21世纪，能以如此卑微的身份登上总统宝座，是非常罕见的，因此在他当选的那天，世界各大媒体都不遗余力地进行了报道和渲染。

一位3岁在街上擦皮鞋、12岁到洗染店当学徒、14岁进厂做工的乡下人，在55岁时通过选举成了国家元首，这样的神话，到底是凭什么创造的？许多传记作家都想揭开卢拉的成功之谜，然而，由于卢拉从没安排过与此有关的采访，因此还没一个人得到过这方面的只言片语。

前不久，卢拉总统前往一个名叫卡巴的小镇视察。该镇的小学请他带领学生上一节早读课，由于邀请他的那个班有一位盲童，卢拉总统欣然同意。

卢拉总统领读的是一篇题为《我的第一任老师》的课文。读完后，他想鼓励一下那位身残志坚的小男孩。就在他走过去用自己的脸颊贴近盲童的小脸时，盲童怯怯地问了这么一个问题：大胡子总统，您的第一任老师是谁？

卢拉总统深思了片刻，在课堂上简短地讲了这么一个故事——

也是像你们这么大的时候，我放学回家，在准备开门的时候，钥匙找不到了。当时我的爸爸在贝伦码头，妈妈去了一个叫蒂若卡的地方，他们星期天才能回来。怎么办呢？于是我就用一张胸卡去捣那把锁，胸卡捣坏了，锁却动都没动，于是我转到房子的后面，想从窗户爬进去，可是窗子是从里面关死的，不砸坏玻璃就无法进去。该怎么办呢？就在我准备爬上房顶从天窗里跳进去的时候，邻居博尔巴先生看到了我。"你想干什么，小伙子?"他问。

"我的钥匙丢了,我无法从门那儿进去了。"我说。

"你就不能想点办法吗?"他说。

"我已经想尽了所有的办法。"我回答。"不会吧?"他说,"你没有想尽所有的办法,至少你没有请求我的帮助。"说着,他从口袋里掏出钥匙,把门给打开了。当时,我一下愣住了。原来,我妈妈在他家留了一把我家的钥匙。

你如果问我,谁是我的第一任老师?我认为是博尔巴先生。

卢拉总统和同学们告别了,这个故事从此传开了。当这个故事传遍整个世界时,也许不会再有人对一个只有小学文化但善于以生活为师的人当选为总统而感到惊奇。

心灵感悟

卢拉总统的这个故事,对我们很有启发意义。的确,我们应该认真从生活中发现规律、挖掘真理、锻炼能力。很多没读过多少书却能干出一番大事业的人的事例,已经告诉我们这个道理,只是我们没有注意去领悟罢了;有的朋友甚至可能会说,假如我有卢拉总统那样的机遇,能够遇上这么好的老师,那么,我一定也能成功。错了,问题的关键不在这里。其实,我们生活中又何尝少了这样的机遇呢?只是我们少了卢拉总统那份诚恳学习的虚心,那种用心思考的精神,如此而已。这样看来,我们读书,除了从书本中学习之外,生活这本无字的书,更值得认真去读啊。

三朵玫瑰

苏联著名教育家苏霍姆林斯基小时候住的地方离一间小杂货铺不远,每天都可以看到,大人们将一种东西交给了老板之后,就能把自己所要的物品换回来。他觉得太有趣了,跃跃欲试。终于,有一天苏霍姆林斯基将一块石头递给老板要"买"糖。老板犹豫片刻之后才收下这块石头,随后把糖"卖"给了他。几十年过去了,这位教育家对此事一直念念不忘。他颇为感慨地说:"这位老人非常善良,他对儿童的理解影响了我的一生。"

后来，苏霍姆林斯基在一所学校当校长。他非常重视校园环境的整洁和美化。花房里盛开的玫瑰花鲜艳夺目，组成了一道美丽的"风景"，吸引着全校师生驻足观赏。

一天，苏霍姆林斯基像往常一样巡视校园。突然，这位教育家看到一个大约4岁的女孩从容地走进花房里，举手摘下了一朵玫瑰花，随后拿着它往外走。

他没有大发脾气地命令女孩站住，疾言厉色地训斥一顿，而是慢慢地俯下身，和颜悦色地问道："孩子，可不可以告诉我，你摘下来的这朵花是送给谁的？"

"先生，我妈妈病得很重，躺在床上。我告诉她学校花房里的玫瑰花开得真好看，想使她高兴。可是，奶奶不相信。我只好摘下一朵来，让她亲眼看一看，开开心。"女孩保证说，"奶奶看完了，我一定把花送回花房。"

苏霍姆林斯基听完之后，被小女孩的一片爱心所感动。他牵着她的手回到花房，又摘下了两朵玫瑰花。"孩子，这一朵是奖给你的，因为你小小年纪就知道关爱别人。另一朵是送给你妈妈的，感谢她养育了你这样一个懂事的孩子。"说完之后，他把玫瑰花给了小女孩。

对于苏霍姆林斯基的做法，有的人可能弄不明白：摘了花还能得到奖励，简直不可思议。然而，这正是这位著名的教育家的与众不同之处——理解别人，充满爱心、信任至上。

心灵感悟

法则只是一个壳子，它在"爱"面前，脆弱得不堪一击。花园中的玫瑰当然不可随便采摘，但是，当小女孩说出自己的理由时，她得到了两朵玫瑰的奖赏——因为"爱"。而奖赏给她玫瑰的人，也必是一个懂得"爱"的人。

名人失恋之后

大音乐家贝多芬，31岁时，境况艰难，无法娶心爱的琪丽。两年后对方嫁给了别人，贝多芬痛苦得写了遗嘱想自杀，但他最终从音乐中寻到了安慰，不久即创作出《第二交响乐》。36岁之后，他与丹兰士的爱情又被毁了，又是一次无情的打击，但他决心为事业奋斗，接连创作出《第七交响曲》《第八交响曲》《第九交响曲》，成了伟大的"音乐主帅"。

20岁的恩格斯和一个姑娘的恋爱告吹了。回家乡后，为尽快摆脱失恋的痛苦，他开始了翻越阿尔卑斯山到意大利的旅行。沿途的湖光山色，使他心胸格外开阔，失恋的痛苦逐渐消除。事后，他写道："向美丽的大自然倾诉爱情的痛苦，能使自己溶化在温暖的生活步调之中。"他第二次失恋，则是以写书来解脱的。

居里夫人年轻时第一次爱上的是她当家庭教师的那家主人的大儿子卡西密尔。由于对方父母反对，漂亮英俊的卡西密尔向她宣布断交。失恋的痛苦像反作用力一样，推着她以发狂般的勇气去奋斗。生活和科学在召唤，她终于跳出了失恋的深渊，从此踏上了科学大道并觅到了知音。

法国大文学家罗曼·罗兰向心爱的索菲娅求爱被拒绝后，陷入痛苦之中，但他认为，不能因为失恋而失去对生活的勇气和热情，失去爱情不等于失去友谊。他在后来漫长的岁月中，依然与索菲娅保持友谊，互相通信探讨人生和艺术，时间长达33年。

歌德多次失恋过，与绿蒂分手是第5次失恋，这次是最痛苦的，多次欲自尽。但他终于坚强地战胜了怯懦。后来当绿蒂结婚时，他还送了礼物，祝他们幸福。绿蒂后来就成为小说《少年维特之烦恼》中的主人公之一了。歌德每次失恋，都是凭借文学来摆脱精神痛苦的。

心灵感悟

恋爱是幸福的，失恋是痛苦的，但终归爱情是美好的，无论这份姻缘是否可以有个美好的结局，但是经历了就是一种幸福，因为你的失恋教会了你如何变得坚强，如何更独立地面对人生。

美丽的歧视

高考落榜，对于一个正值青春的年轻人，无疑是一个打击。8年前，大伟就正处于这种境地。但现在，他已是北京某名牌大学的一员了。

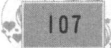

惜缘
——相遇是最美丽的奇迹

曾经他一度认为自己完了,没什么出息了,可父母对他抱有很大希望,他被迫去复读。你知道"被迫"是一种什么滋味吗?在复读班,他的成绩是倒数第5……

有一次那个教英语的张老师让他在课堂上背单词。那会儿他正读一本武侠小说。张老师很生气,说:"大伟,你真是没出息,你不仅糟蹋爹娘的钱还耗费自己的青春。如果你能考上大学,全世界就没有文盲了。"他当时仿佛要炸开了,他"噌"地跳离座位,跨到讲台上指着老师说:"你不要瞧不起人,我此生必定要上大学。"说着他把那本武侠小说撕得粉碎。第一年高考他分数差了100多分,第二年他差17分,第三年高考,他竟超了80多分……他真想找到张老师,告诉他:我不是孬种……"

3年后,他回到高中的母校,班主任告诉他:教英语的张老师得了骨癌。他去看他,其间,他忍不住提起了往事……张老师突然老泪横流。过了一会儿,他让老伴取来了一帧旧照片,照片上,一位书生正在巴黎的埃菲尔铁塔下微笑。

张老师说:"18年前,他是我教的那个班里最聪明也最不用功的学生。有一次,我在课堂上讲:'像你这样的学生,如果考上大学,我头朝地向下转3圈……'"

"后来呢?"他问。"后来同你一样,"张老师言语哽咽着说,"对有的学生,一般的鼓励是没有用的,关键是要用锋利的刀子去做他们心灵的手术。你相信吗?很多时候,别人的歧视能使我们激发出心底最坚强的力量。"在老师的病床前,大伟泪流满面……

2个月后,张老师离开了人世。

在那以后的时光里,大伟一直回味着他所遭遇的满含爱意却又非常残酷的歧视。那"歧视"蕴涵着一种催人奋进的力量。对大伟和那位埃菲尔铁塔下留影的学生而言,在他们的人生征途中,张老师的"歧视"肯定是最宝贵、最美丽的。

心灵感悟

在我们每个人的成长过程中,都离不开老师的谆谆教诲,而老师的教诲是多种多样的,我们要用心去体味每一种教诲,就像"歧视"也一样美丽。

麦琪和她的天才班

麦琪是学期中间被调到这个公立学校的，而且一开始校长就要她当四年级B班的班主任。麦琪听说前任班主任半途辞职了，但校长没有告诉她为什么，他只是说这个班级的学生都很"特别"。

第一天走进教室，麦琪先被吓了一跳：横飞的纸团、架在桌子上的脚、震耳欲聋的吵闹声……整个教室活像混乱的战场。麦琪翻开讲台上的点名册，20个学生的名字呈现在眼前。点名册上还记录着每个学生的IQ（智商）分数：140、141、160……在美国，学生入小学都要测试智商，按智商分快慢班。正常人的智商在130左右。麦琪恍然大悟，噢！怪不得他们这么有精神头儿，原来小家伙们个个都是天才！麦琪微笑着请大家安静下来，为能接手这么高智商的班级而暗自庆幸。

刚开始，麦琪发现很多学生不交作业，即使交上来的也是潦草不堪，错误百出。麦琪找孩子们单独谈话："凭你的高智商，没有理由不取得一流的成绩，你要把潜力发掘出来。"她对每个学生这样说。

整个学期里，麦琪不断提醒同学们，不要浪费他们的聪明才智和特殊天赋。渐渐地，孩子们变得勤奋好学，他们的作业准确而富有创造力。

学期结束时，校长把麦琪请到办公室。"你对这些孩子施了什么魔法？"他激动地问，"他们统考的成绩竟然比普通班的学生还好！"

"那很自然啊！他们的智商本来就比普通班学生要高呀！您不是也说他们很特殊吗？"麦琪不解地问。

"我当时说B班学生特殊，是因为他们有的患有情绪紊乱症，有的智商低下，需要特殊照顾。"

"那他们的IQ分数为什么这么高？"麦琪从文件夹里翻出点名册，递给校长。

"哦，你搞错了，这一栏是他们在体育场储物箱的号码。很遗憾，麦琪老师，你的学生并不是天才。"原来这个学校的点名册，在一般学校标智商分数的地方，注的是储物箱号码。

麦琪听了，先是一愣，但随即笑道："如果一个人相信自己是天才，他就会成为天才。下学期，我还要把B班当天才班来教！"

心灵感悟

也许我只是一棵柳，也许我只是一尾鱼，也许我只是一阵风，也许我只是一个智商平平、甚至低下的学生。可是老师你，却把"我"当做一个天才，给"我"以天才的关注和鼓励，成就了"我"一生的辉煌。

尽管刚开始这只是一个美丽的错误，但随着"孩子们变得勤奋好学，他们的作业准确而富有创造力"，他们的成绩在一点儿一点儿地进步，麦琪也由衷地相信她的班级是天才班。而我也相信，麦琪和她的天才班一定能够创造奇迹，这些孩子们一定能够有一个神采飞扬的未来，因为得到老师的认可是学生努力向上的最大动力，更因为心有多大，舞台就有多大！

没有翅膀的飞翔，才是真正的飞翔。麦琪在知道真相以后并没有抱怨，也没有嫌弃，她仍然微笑着说："如果一个人相信自己是天才，他就会成为天才。下学期，我还要把B班当天才班来教！"在那一刻，我感动得流出泪来。是啊，任何时候，只要我们不放弃自己，只要我们相信自己，我们一定能收获满意的硕果。

心有多大，舞台就有多大。我们的未来就在我们的心中，就在我们的手中！

严 师

我从小喜欢言谈，即使在课堂上也絮叨不止，这点恰好是乔丹小姐所痛恶的。

乔丹小姐是我十年级的语文老师，为人认真严厉，身高5.5英尺，十分瘦削，一绺头发绾到背后，看起来非常像一匹马，戴着一副半圆形眼镜。当她感到气恼时，常低下头，从眼镜顶部逼视别人。

有一天，在她的课上，我忙于与邻座同学闲扯，没有注意到她已停止讲课，怒视着我："下课到我这里来！"

那次训斥，乔丹小姐虽然声音很低，却十分严肃，告诉我以后要静心听课。"作为惩罚让你写一篇千字作文，题目是《教育及其对经济的影响》，下星期三交稿。"

我如期交卷，颇为自负，然而，次日课上，她从眼镜框上看着我，咄咄逼人，把作文掷了过来。"重写！"她说。直到第六次，她才摘掉眼镜，莞尔一笑，终于收下了这篇作文。自那以后，我把这事忘得一干二净。

才两三个月，我又故态复萌，再一次在她的课上嚷嚷，同学们直向我使眼色，我向上一看，正好与乔丹小姐的目光相遇。她没有责备我，继续说："我讲的是市里举行的作文比赛，成绩已经揭晓。"她停顿一下说，"同学们，玛丽在这次竞赛中取得第三名。"

我始而困惑，继而惊喜，那是我有生以来第一次获奖。几年后，我把当时的感受告诉一位记者，甚至连我对乔丹小姐其貌不扬的描述也登了出来，真有点儿内疚。后来，她来信说：没关系。当我一再重写作文时，学会了严格要求自己。老师的信感动了我。"

这句话像座灯塔那样指引我——只有严格要求自己，才会取得成功。

心灵感悟

我羡慕玛丽·富特蕾尔有一个好老师，乔丹小姐其貌不扬，厌恶别人在她的课上说闲话，但却没有给予玛丽·富特蕾尔一顿责骂，而是给了她一个特殊的惩罚——千字作文《教育及其对经济的影响》。我想，这么一个特殊的惩罚会让人有种被尊重的喜悦感，于是"我"极其快乐、信心十足地交卷了，可是，乔丹小姐却"咄咄逼人"地把作文掷了过来，叫"我"重写。任何人看到这里，心中的喜悦都会被一扫而光。"直到第六次，她才摘掉眼镜，莞尔一笑，终于收下了这篇作文。"整整重写了六次！这个数字，会让很多学生暗自窃喜：幸好这不是我的老师！——是的，有谁希望有一个如此狠心的老师呢？但是，很快，文章峰回路转，当"我"再一次在乔丹小姐课上说闲话时，乔丹小姐说了这么一句话："我讲的是市里的作文比赛，成绩已经揭晓——同学们，玛丽在这次竞赛中取得了第三名。"

乔丹小姐使我想起了我初二的历史老师，那个瘦瘦的班主任，她总是惩罚调皮的我，罚我扫地，还拧我的耳朵，也像乔丹小姐那样其貌不扬，那样"讨人厌"。直到有一次，她对我说，你很聪明，不过那是小聪明，你的强项语文现在都掉下来了，你还有什么值得骄傲的地方。她的话将

我震醒，使我重新考虑自己的命运，把我从自满的半空中拉了下来。后来我考到了一所很好的高中，全靠她的那次严厉的训话。

其实我的老师也好，乔丹小姐也好，她们都告诉我们，严格要求自己，是对自己负责。

冰激淋在流泪

朋友就读于一所师范学校，毕业后在父亲的努力下，去了县城的中心小学，日子过得平平淡淡，倒也有滋有味。

可是，朋友渐渐地对那种平淡的生活失去了兴趣，他想过得更为激情，更加精彩。于是就在一个青年志愿者协会发起的支援西部的活动中报了名，置亲朋好友的劝告于不顾，要求到西部支教。

朋友被安置到甘肃西部的一个小山村里。第二天就正式讲课了，三、四、五年级在一起上课，讲得匆匆忙忙的。不久，朋友就来信说，那里条件很苦，工作也累，似乎想知难而退。

但后来发生的一件事改变了他的想法。

那天，班上最小的一个孩子问他："老师，书本上说的冰淇淋是什么东西？为什么城里的孩子都喜欢吃冰淇淋？"

"冰淇淋是一种冰做的食物，里面放有奶油、巧克力等物，吃着凉凉的、甜甜的，是夏天最好的消暑食物……"他面对一群瞪大眼睛的孩子，忽然感到自己的解说是那样苍白无力，毕竟，要知道梨子的味道，是应该亲口尝一尝的。

"老师,巧克力是什么呀？"他刚刚顿住，另一个孩子就迫不及待地问道。

看着孩子们迷惑的眼神，朋友感到了问题的棘手，就匆匆地应付了几句，孩子们听得似懂非懂的。

后来，一个偶然的机会，朋友到县城去领一个邮包，正打算回去时，却无意中发现了那个县城唯一的冷饮店，他决定为班上的二十几个学生每人买一个冰淇淋带回去。好在那天天气还不是很热，他向老板要了一个塑料盒子，又找来一些破棉花，包着装有冰淇淋的食品袋，赶了近二十里的山路，朋友才回到了山村，还好，冰淇淋才稍微化了一点儿。他将冰淇淋分给了孩子们，看到他们欢呼雀跃的样子，心里才稍稍多了一些安慰。

第二个星期，他看到了一个孩子的作文："我们都很爱我们的老师，他是一个好人，给我们每个人买了一个冰淇淋，很好吃。我们以前谁都没有吃过冰淇淋，那时，我们感动得流泪了，冰淇淋也很感动，它流着白色的泪……"

冰淇淋——对于我们来那说是多么普通的零食，但那个小山村里的小朋友竟不知道其为何物。当老师为学生描述冰淇淋的时候，学生们都瞪大了眼睛，他们都非常渴望可以吃上这种听起来让人流口水的食物吧。终于有一天，老师为他们带来了冰淇淋，那是老师自己掏钱买并且赶了近二十里路带回来的，我想这冰淇淋肯定又香又甜，而且还有一种特别的味道——幸福的滋味。"我们感动得流泪了，冰淇淋也很感动，它流着白色的泪……"这些白色的泪水包含着老师对学生的关爱，当学生品尝着冰淇淋时，也是在享受着老师给予的爱，这难道不是幸福吗？

在爱里慢慢成长

那一年她15岁吧，读初三，小小的心里有着极强的自尊，像妖娆的青春一样，来得猝不及防。

她是个温顺又寡言的女孩子。每天除了学习，几乎不会像其他女孩子一样，爱跟新来的年轻班主任聊天、开玩笑，甚至请他去吃门口小店里的冰淇淋。她看到他被花儿一样缤纷的女孩子们簇拥着的时候，心里除了细微的开心和向往，竟是没有丝毫的嫉妒。她知道父母抛弃了农村的家，跑到这个城市里来，边做没有什么保障的零工，边陪她读书，已属不易。还有姐姐，为了她的学费和父母的工作，勉强和一个不喜欢的有权势的人订了亲，而且将婚期拖了又拖。除了最好的成绩，她知道自己再也没有什么能回报给他们。当然，她还要在放学后早早地回去，帮父母做做家务，也让他们不必为她的晚归而过分地担心。

所以每每看见班里那一大群着了鲜艳彩衣的女孩子们，嘻嘻哈哈地从学校里蜂拥而出，去小吃街上买一袋瓜子，几根香肠，三两田螺，尔后边吃边消磨掉回家前的自由时间时，她也只是默默地看上片刻，转身便朝学校的后门走去。

惜缘
——相遇是最美丽的奇迹

她很欢喜学校有这样一个安静的后门,可以让她不被人注意地慢慢走回家去。出了朱红色的门,沿着沙子铺成的小路走上几十米,再绕过一个大水塘,七折八拐地途经十几户居民后,便到了她的家。家,也只是暂时租来的,是那种马上要被划入拆迁之列的瓦房。刚搬进来的时候,看到张开大嘴的墙缝,和出入自由的爬虫,她和妈妈都落了眼泪。是爸爸买了水泥和墙粉,一点点地给它穿上新衣,又在院子里用红砖铺了一条整齐的小道,下雨的时候,可以不必泥泞。这样一个破败的民居,才陡然有了生气。她吃过晚饭趴在书桌上学习的时候,看到对面干净的墙壁上,被橘黄色的灯光打上去的父母略弯的身影,便会觉得温暖和感激。

可是这种温暖,她是不愿意拿出来与人分享的。只有无人打扰,它们才会在安静的角落里,慢慢地成长,且带给她淡紫色的温馨和优雅。

可是,如此的恬淡和自由,于她,是多么不易。常常有钦佩她成绩好的同学,为了更方便地向她学习,执意让她带着去认认家门。还有一些默默暗恋她的男孩,甚至会趁她不注意,放了学偷偷跟在她的后面,想通过这种方式,得到她的地址。每学期的家长会,也是不容易逃掉的劫难。因为高高在上的成绩,老师常常会让她把父亲请来,给其他家长作如何教育子女的报告。

这种时候,她总是会撒谎。尽管她知道,其实父母多么希望能有这样一个机会,因为她而在人前骄傲地直起被生活重担压弯的脊背。

然而这一次,她却觉得再也没办法逃掉。除非,除非她转学或是读几乎没有什么升学希望的慢班。她借读的这个学校,是可以直升本校的高中部的。中考的时候会根据学习成绩分出快班和慢班。快班的学生,几乎无一例外地会在三年后考上全国一流的大学,所以能进快班,几乎是每一个学生的梦想。可是,每年的学费,也比慢班要贵出许多。

所以当领申请报快慢班的表格时,她犹豫了许久,终于还是在慢班一栏里,轻轻地画了一个对号。

那天放学后,年轻的班主任便把她叫到了办公室。班主任是个极温和的人,有着友善又亲切的微笑。他像兄长一样拍拍她的肩,示意她坐下,又冲了一杯热茶递到她因为慌乱而无处搁置的手中,这才开口问她:"这么好的成绩,为什么不报快班?是父母的意愿吗?用不用我去家访?"她低着头,看着杯口氤氲的热气,和一朵朵徐徐绽放开的茉莉花,竟是许久,才慌慌地摇头。杯子里的热茶"哗"地一下子洒出来，烫红了她的手。积蓄了许久的泪，终于趁此"哗哗"地流了满脸。

班主任连声地向她说对不起。看天晚了，又执意要送她回家。她不知道怎样拒绝，只无声地退了几步，便使尽平生的力气道了声"再见"，返身向学校的后门跑去。

那一晚，她躺在床上翻来覆去地想了许久，终于还是在第二天吃早饭的时候，把要报快慢班的事，和着母亲做的蛋炒饭，一起咽到了肚子里。

几天后，班主任又将她叫到了办公室，给她看一份盖了学校红红印章的通知。上面说中考前三名的学生，学校给予免掉所有学杂费的奖励。尔后，班主任呵呵笑着说："快班也是免，慢班也是免，你有这个把握为何不报快班，这样就不会吃亏了噢！"她第一次抬起微红的脸，笑望着自己的老师，重重地点了点头。

三个月拼命的努力，终于换来了第一名的成绩。全校表彰大会上，要请她的父母代表家长讲话。这次她是飞快地跑回家将这个消息告诉父母的，又坚持着要用自己节省下来的学费给全家都做套新衣服。父亲听了没有像往常那样因为这不必要的开支而犹豫不决，而是很爽快地就带全家去裁了新衣。

开会的时候，她与班主任并肩坐在主席台上，看着话筒旁一身西装的父亲，由于激动而酡红的面颊，像是喝了几两好酒，幸福藏也藏不住。身旁的班主任，亦是一脸的骄傲和开怀。那一刻，她的心里，再也没有昔日因为自己的贫寒而蓄积起的自卑和自怜。她真想告诉每一个人，自己的努力，竟是可以给这么多人带来切实的快乐和欣慰。

她是在三年之后考上她理想中的大学的时候，才知道那个盖了红色印章的通知，是班主任一个善意的欺骗。三年的学费，也是他，一次次地替她交上的。

可是那时候的她，并没有因此而有过分的惆怅和自卑。因为她早已能够正视自己的贫穷，并且真正地意识到，有如此多的爱帮助她慢慢走过这段自尊与自卑无限滋长的岁月，其实是一种多么值得她用一生去感恩的美好和幸福啊。

那个女孩，就是年少时的我。

心灵感悟

　　简单的故事蕴涵着深沉的感情，作品没有华丽优美的辞藻，但其间的叙述却描述出了一幅爱的画面。生活中总会有各种各样的困难和羁绊，就如文中的主人公，家境的贫困使得她不能够和其他女孩子一样：嘻嘻哈哈地从学校里蜂拥而出，去小吃街上买一袋瓜子，几根香肠，三两田螺，尔后边吃边消磨掉回家前的自由时间，而只能从学校的后门走回那个暂时租来的，已被划入拆迁之列的家，家庭的贫困也使成绩优秀的她不能够读学费很高的快班，而只能选择慢班。

　　故事读到这里，真让人感到遗憾，难道她真的要选择慢班吗？这对她是多么的不公平呀，同时也是一个很大的损失……迫不及待地读下去，悬着的心终于落下了，因为年轻的班主任已经将这个问题解决了。班主任说："中考前三名的学生，学校给予免掉所有学杂费的奖励。"于是她得以进快班，得以通过"三个月拼命的努力，终于换来了第一名的成绩"。而且在"三年之后考上她理想中的大学"。

　　可是也正是在她考上大学的时候，她才知道三年前年轻的班主任曾给了她一个很大的谎言，一个善意的欺骗，这三年的学费，是班主任一次次替她交上的。真相大白，如此的心意如此的恩情已不是一个谢字能够表达的。

　　感激埋在心间，幸福藏在心里。在以后的人生之路，相信她会越走越平坦、越行越光明！

球　赛

　　早在半年前，学校就传出风声，要举办篮球联赛，叫做BA（学校名字前两个字的拼音开头字母加BA）。由于这个名字非常之专业，此消息一度欺骗了无数天真少年。

　　后来贴出通知，大意是说本次联赛以班级为单位，每班八人，自买队服，要印号码，另外每人交10元钱报名费，冠军班级奖金1000元。所有人看了通知后失望不已，后来发现组织者居然是高二某班的一个体委，于是有位数学课代表迅速计算出组织者的净利润是600元。

此消息传开,同学们欷歔不已,感慨人情冷暖、世态炎凉。同时发现一条致富捷径,纷纷发出通知要以组织者身份举办排球联赛、足球联赛、乒乓球联赛、羽毛球联赛……还居然连板球、门球、弹子球之类的也得以出现,这极大地丰富了我们的视野,增长了我们的见识。

这种局面一度无法控制,直到校领导在升旗仪式上讲话,声明该举办的比赛学校会组织,同学们的热情可以理解,现规定在校学生不得举办各种比赛。

这意味着,所有利润将被学校榨取。

果然,接下来学校成功地举办了足球联赛、乒乓球联赛和高二年级篮球联赛。基本的套路是这样的:开赛的时候学校从区电视台叫来记者,拍下过程,剪去学校里发生的不良行为。然后第二天的新闻会说中学素质教育硕果累累,成功举办联赛,学生积极参加体育活动,德、智、体、美、劳全面发展……

终于学校通知高一,要举办高一篮球联赛,继而高一年级身高一米七以上的同学们无不欢呼雀跃。

接着在一个月内,高一十二个班的同学们买齐各种名牌球衣、球裤、球鞋,包括的品牌有:耐克、阿迪、锐步、乔丹、匡威等。当然全都是冒牌货,这是由我国的国情决定的。

我有幸成为我班中锋。但没有替补中锋。我们的想法是:把奥尼尔、邓肯、姚明中的任意一个拿过来当我的替补。

这种想法发展下去,我们觉得替补后卫当然是要科比,然后热烈讨论替补前锋是加内特好还是韦伯好。

很快,我们发现我们的讨论没有意义。

主要是因为学校召集高一体委开了个会,说校篮球队要训练,不放裁判,所以高一联赛取消。

两天后,体委们为了免于被同学们群殴,被迫开会决定三天后举行联赛,并当场抽签,裁判由体委们在各班挑选产生。

抽签的结果是我们一班打十二班。因为十二班是重点班,学习成绩是年级最好的,所以我班球员认为他们运动能力低下,拿下十二班不成问题。而十二班的普遍认为差班的学生学习成绩差,手脚也是基本残废的。

所以十二班班主任得知抽签结果后放出话:打不赢白痴一班,你们跳楼去。

对于这句话，我班班主任在班会课上命令：让他们跳。同学们也纷纷欢呼。

比赛前夜，我班球队认真研究战术。

因为我班队员基本比较矮，拿出去全是后卫，所以他们观点一致，认为打篮球不该有中锋，让我沦为替补。然后指导方针是打五后卫战术，他们认为这势必打十二班一个措手不及。

然而，实际情况是十二班打了我们一个措手不及，因为他们打的是五中锋战术。一上场就打出一个十二比零的高潮。

我之所以不说这是小高潮是因为我们一场比赛下来，平均是每队各拿三十来分，十二比零按比例换算成NBA的比分大概是三十比零。

终于在后二十分钟，队员们意识到五个后卫在外围飚三分是不能赢得比赛的。于是把我这个中锋换上场。

我上场时兴奋异常，太爽了，四个后卫，那得给我多少传球助攻啊。

但我没想到的是，他们四个，原来个个都是攻击后卫，没有组织后卫。拿到球就往前冲，对方五个中锋排队盖帽。我站在篮下，四周空荡，无人防守；万事俱备，就是没球。只见我方球员左右突破，脸憋得通红。不出意外的话是被盖下，出了意外肯定是带球撞人、走步、失误，最体面的结果是篮球出界。

一轮进攻下来，后卫总会教育我：你中锋怎么打的，不会给我单挡啊！

赛后观众对我班的评价是：进攻一挑五，防守一挑五。

结果当然是我班惨败，第一轮打完就歇菜了。我个人技术统计跟姚明的NBA处女秀有一比，零分，一个进攻篮板，三个防守篮板，无犯规，无失误。

令我不能忘怀的是全场比赛我仅出手一次，还被防守队员打手犯规，而裁判没有吹。

对于惨败一事，我班对外直称：我们不忍心看他们跳楼。

给我班带来些许安慰的是十二班第二轮就惨败。而赛前他们居然又说了什么不赢就跳楼的鬼话。

处理此事的方法是举行一场跳楼仪式：十二班八名球员从教学楼一楼某阳台跳下，然后勾肩搭背去吃晚饭。

这说明，十二班是个讲信誉的班级体，是个言出必行的班集体。

心灵感悟

中学时代真的是很美好。体育运动让男生们出尽了风头，可能你在很久以后还会念念不忘那一场篮球比赛上，你力挽狂澜，成为被小女生崇拜成偶像的情景。真的很美好，中学时代的单纯总是让人想起阳光的感觉，很耀眼、很闪亮、很刺激。好好珍惜我们的中学时代吧，好好享受我们的中学生活吧。有一天，我们将会发现，当年的我们傻得很可爱。

人生的偶然

人生是有许多偶然的，所以，也就多了很多的机会。

初中的时候，她只是个很平常的女生，学习下等，和一些已经在社会上打工的女孩子混在一起玩，那时她上初二，不知道自己的明天在哪里。

一次期中考试前，她的好友悄悄把她拉过来说："告诉你个好消息，我有了这次考试的卷子。"

原来，另一个学校已经考过，而有人告诉她，她们这次考试就是这张卷子。

那是张数学卷子，她几乎把它背了下来，如果按她的真实水平，她只能考30多分吧，但她那次考了一个全班第一，她的朋友只背过其中一部分，考了70多分。让她没想到的事还在后边，所有人都怀疑她作弊，但就是作弊也不可能考98分啊，只有老师表扬了她并鼓励了她，说她进步很快，以后肯定还会考出好成绩。那一刻，她差点流了泪，她没想到老师相信她，况且同学们对她的羡慕让她体会到了一种从来没过的喜悦和兴奋，原来，学习好了可以如此自豪！

从那以后，为了证明自己没有作弊，为了对得起老师那句话，她像发了疯一样开始学习，并从中体会到了学习的乐趣。不久，她的学习成绩果然跃居全班第一。一年后，她考上重点高中。三年以后，她考上了北大。

如果不是那次偶然偷来的试卷改变了她的命运，她本来也是和那些农村的女孩子一样，毕业以后去外地打工的。因为那个考了70多分的女生最终去了一个饭店端盘子，而几年之后，她去美国留学了。

是那次偶然改变了一切，她牢牢抓住了那个机会。而那个女孩子，却没有抓住，于是一切变得如此不同。十几年后她回母校作报告，说了自己的故事。当时已经白发苍苍的数学老师对她说了真相："孩子，当时我就知道你是作弊了，因为以你的能力不可能考98分。但我想，也许你从此能发奋，所以，我给了你鼓励和信任。"

那一刻，她的泪水流了下来，在人生最关键的时刻，那个最明白她的人，没有把她当贼一样揪出来，而是给了她鼓励，让她的人生从此与众不同。

心灵感悟

老师的宽容与信任，给了她从没有过的喜悦和兴奋，点燃了她的希望之灯，照亮了她的求学之路。

老师是不允许学生作弊的，作弊的学生会受到严厉的惩罚。而她，是那么幸运。当同学们都向她投来怀疑的目光时，老师却给了她表扬和鼓励，为什么老师明知她是作弊的还要表扬她？原来，善良的老师深明她那颗渴望向上的心。于是，就给了她机会。而她，没有辜负老师的期望，从此她成为一个最让老师为之骄傲的学生。

第一位班主任

我的第一位班主任老师是我小学一年级到三年级的语文老师，矮个儿，圆圆的脸，嘴角边老挂着一丝微微的笑容。关于这位老师，几乎已无多大印象了，唯有她带着微笑说过的一番话，却时常会萦绕在我的耳际，特别是在我遇事胆怯踌躇的时候，我就会情不自禁地想起它，令我不断地战胜自己的怯懦。

小时候，我是个性格非常怯懦的女孩儿，在家里，父母认定我是姐妹中最没出息的孩子，在学校里，我像一棵含羞草躲在墙角边，遇到被调皮孩子欺负时，我就只剩下哭泣的份儿了。因为怯懦，我常常被孤独包围着，也因为怯懦，我面对老师的提问，一次次错过了表现自己的大好机会。

已记不清那天老师提了个什么问题，许多抢着发言的同学，回答都不能令老师满意。我能回答这个问题，想要举手发言，但胸口却像有个小兔子在蹦蹦跳，手没举起来，脸已涨得通红，举了一半的手慌忙缩回，但这个小小的动作，没有逃过老师敏锐的目光，我立即被叫了起来。我嗫嚅着，老师微笑地望着我，这目光十分亲切，我终于鼓起勇气说出了想说的话，虽然回答的声音轻得几乎只有自己才能听见，但老师侧着头细细地听，没有打断我的话，问题回答完毕我的脸已变成了猪肝色，没想到老师却接连地鼓起掌来，连说了几个"好"字。下课了，老师把我叫到跟前，用手摸了摸我的头，脸上依然带着那一种微笑，说："你不是回答得很好吗？其实不管做什么事情，如果因为害怕错而不敢说不敢做，就永远不知道是错还是对，其实错了又怎么样，记着错在哪里改过来不就得了，胆小的人真正的敌人是自己，懂吗？记着，要敢于战胜自己，做个大胆的人！"

如今，一晃已二十几年过去了，我虽然不敢以能人自居，但几番自审，发现这怯懦的毛病却几乎荡然无存，前两年居然斗胆承包了一个文印部，且在第二年又开设了分部，在外人眼里俨然算个女强人。我并不要做什么女强人，也并不喜欢这个称呼，但儿时这位班主任老师的那一番话倒确实常常让我想起，令我不断地战胜自己。

心灵感悟

如果没有第一位班主任对"我"说的那一番话，"我"长大后会是一个怎样的人？可能依然是性格怯懦，并且如家人所认为的那样没出息吧。

幸好"我"遇到了一位好老师。在提问的时候，她看到了"我"的手举了一半又慌忙缩回，她看透了"我"想回答却又不敢回答的矛盾心理，看透了"我"胆小怯懦的性格。于是，她给了"我"鼓励，激励"我"从此做一个胆大的人。而"我"也没有让老师失望。如今的"我"已经彻底改变了怯懦的毛病，被人称作"女强人"。

我想虽然老师只教了"我"三年，但她的一句话影响了"我"的一生。她何止是教了"我"三年的语文老师，应该说她是"我"这一辈子的恩师啊！很多时候当我们遭遇挫折委靡不振，老师的一个微笑或者是一句简单的鼓励话都可以给我们带来很大的动力。

我最好的老师

怀特森先生教的是六年级的科学课。在第一堂课上,他给我们讲了一种叫做凯蒂旺普斯的东西,说那是一种夜行兽,冰川期中无法适应环境而绝迹了。他一边说,一边把一个头骨传来传去,我们都作了笔记,后来又进行了测验。

他把我的试卷还给我时,我惊呆了:我答的每道题都被打了个大大的红叉——测验不及格。

一定有什么地方弄错了!我是完完全全按照怀特森先生所说的写的呀!接着我意识到班里的每个人都没及格。发生了什么事?

"很简单,"怀特森先生解释道:有关凯蒂旺普斯的一切都是他编造出来的。这种动物从来没有存在过。所以,我们笔记里记下的那些都是错的。难道错的答案也能得分吗?

不用说,我们都气坏了。这种测验算什么测验?这种老师算什么老师?

我们本该推断出来的,怀特森说道。毕竟,正当传递凯蒂旺普斯的头骨(其实那是猫的头骨)时,他不是告诉过我们有关这种动物的一切都没有遗留下来吗?怀特森描述了它惊人的夜间视力,它的皮毛的颜色,还有许多他不可能知道的事实。他还给这种动物起了个可笑的名字。可我们一点儿都没有起疑心。

他说我们的试卷上的零分是要登记在他的成绩记录簿上的。他也真这么做了。

怀特森先生说他希望我们从这件事当中学到点什么。课本和老师都不是一贯正确的,事实上没有人一贯正确。他要我们时刻保持警惕,一旦认为他错了,或是课本上错了,就大胆地说出来。

上怀特森先生的课,每一次都是不寻常的探险。有些科学课我现在仍然能够差不多从头至尾地记起来。有一次他对我们说他的大众牌轿车是活的生物。

我们花了整整两天才拼凑了一篇在他那里通得过的驳论。他不肯放过我们,直到我们证明我们不但知道什么叫生物,而且还有坚持真理的毅力

青春励志

惜缘

——相遇是最美丽的奇迹

时，他才罢休。

我们把这种崭新的怀疑主义带进了所有课的课堂。这就给那些不习惯被怀疑的老师带来了问题。我们的历史老师讲着讲着，会有人清清嗓子，说道："凯蒂旺普斯。"

如果要我给我们的学校危机提出个解决办法的话，我一定会提出怀特森先生。

我没做出过什么重大的科学发现，但我和同学们从怀特森先生那里得到了一种同样重要的东西，一种正视着某个人的眼睛，告诉他他错了的勇气。怀特森先生还让我们看到，这么做有时候是很有趣的。

这里面的价值并非每个人都能觉察到。有一次我把怀特森先生的事讲给一位小学老师听，他惊骇极了。"他不该像这样捉弄你们的。"那小学老师说道。我正视着他的眼睛，告诉他他错了。

心灵感悟

怀特森先生的这种敢于让学生大胆质疑的特殊的培养方式，对于学生一生的影响是相当重要与必要的。

迟到的理由

一堂成人心理咨询培训课正在进行。

一个中年男人从后门悄悄地溜进了教室。他猫着腰，屏住呼吸，企图逃过老师的视线。他迟到了。

正当他弯下身子准备坐在最后一排的最旁边一个座位上时，老师叫住了他："这位同学，请到前边来好吗？"

他的脸顿时羞得通红，他连忙说："对不起老师，路上塞车了，所以我……"正在聚精会神听讲的学生纷纷将视线投到了他身上，大家哧哧地笑着，是一种善意的取笑。毕竟，一个迟到的中年男人，此时却像一个犯了错的孩子一样的可怜和可爱，足以让每个人都想起自己调皮而纯真的童年。

老师温和地说："我知道，每个人都会有迟到的理由，可是你毕竟迟到了，就奖励你表演一个节目吧。"

"表演节目？"中年男人更加羞涩了，手指不停地绞着书包带，"我既不会唱歌又不会跳舞，我从来没有表演过节目……"他真的不知道怎么办了。

"没有关系，随便表演什么节目，我们都欢迎。虽然你的迟到打断了我们的听课，可是你的表演又给我们带来了快乐，我相信每位同学都会热烈地鼓掌。"老师的话音未落，教室里就响起了热烈的掌声，快乐的笑声在掌声弥漫。

"哼咳！"吃到的男同学润了一声嗓子，终于要表演了。零星的笑声过后，教室里出现了几近窒息的安静。只见他昂起头，从喉咙里发出了一声高亢的尖锐的竭尽全力的——公鸡的鸣叫！

掌声如潮。

男同学的脸上又泛起一阵红晕。在大家快乐而满足的笑声中，他骄傲地说："我小时候最棒的绝招就是学公鸡打鸣，没想到人到中年还有机会露一手，让大家见笑了！"他朝大家拱了拱拳头，大大方方地坐到了自己的座位上。

有幸听到这位男同学打鸣的人，就有我一个。当时我坐在同学们中间，在那一声冲破云霄的鸣叫之后，我把手掌都拍红了。正如老师所言，我们无不陶醉在一种随意而舒畅的氛围中，几乎忘了要他表演的原因。这位男同学谈了他表演的体会："我以为老师会狠狠地批评我，我没想到会让我表演，其实也没什么，后来的气氛让我一下子放开了。"后来他再也没有迟到过，尽管他家离得很远，每天早上还要送女儿上幼儿园。

惩罚和奖励同样可以撼动人的心灵。在我们很多人的记忆里，还残留着迟到而受到的耻辱，比如老师轻蔑的训斥和同学的嘲笑，真的没想到，迟到，也可以用这样的方法来"惩罚"。

这使我想起我所认识的一个少年，由于经常迟到，他便经常被老师训斥，被罚站到教室外面去。这使少年的自尊心受到了越来越深的伤害，逆反情绪也越来越严重，最后终于辍学了。

人与人相互影响的方式有很多种，温和的，严厉的，舒缓的，激烈的，可是无论哪一种，我们都希望留在心间的是快乐而不是阴影。用温和取代严厉，用舒缓取代激烈，用奖励取代惩罚，这便是我们从小小的迟到中所领略到的博大人生。

心灵感悟

《迟到的理由》讲述的是一位老师是如何"惩罚"迟到的学生的。一堂成人心理咨询培训课正在进行，一位中年男人迟到了，打断了同学们的听课。老师不仅没有批评他，反而温和地告诉男人每个人都有迟到的理由，并奖励他表演一个节目。羞涩的男人因为老师的鼓励和同学的掌声而放开了心情，并表演了小时候最棒的绝招——学公鸡打鸣。这一声高亢的尖锐的竭尽全力的公鸡的鸣叫不仅给老师和同学带来了欢乐，使他们无不陶醉在一种随意而舒畅的氛围中，而且也给这位男人带来了心灵的撼动。从此，他再也没有迟到过。

在很多人的记忆当中，如果有位同学迟到了，可能会受到老师轻蔑的训斥和其他同学的嘲笑，甚至会被老师罚站到教室外面去，这样自尊心受到了伤害，从此便在心里留下了阴影。可以说，本文中位男同学是幸运的，因为他碰到了一位会"惩罚"学生的老师，并给他留下了一份美好的回忆。

作为读者，我为这位男同学能有这样善良的老师感到骄傲与自豪。同时，我也为我自己感到幸运，因为《迟到的理由》这篇作品给我上了一堂获益匪浅的课，使我懂得了待人之道：用温和取代严厉，用舒缓取代激烈，用奖励取代惩罚。

孩子是我们的老师

这一路上公共汽车里的人特别多，车厢前半部分是成年人，后半部分则挤着十几个小学生，听他们的议论，大概是要到郊区去旅游。孩子们都很兴奋，唧唧喳喳地又说又笑，闹作一团。孩子们的喜悦并没有传染给这些心事重重的成年人，他们有的眼望窗外，有的面无表情，有的甚至用厌恶的眼神斜视着这些沉浸在欢乐里的孩子。

汽车平稳地向前行驶着，没有一点出现意外的迹象。但就在这时，司机忽然一个急刹车，"嘎"的一声，把这些毫无防备的乘客着实晃了一下，你的前胸撞着了我的后背，他的胳膊肘又撞到了你的左脸，有的乘客甚至一屁股坐到了地上，沉闷的车厢一下子沸腾起来。车厢前半部的人都在愤怒地指责司机，司机连忙解释说刚才出现了紧急情况，有个骑自行车的行人横穿马路，自己是为了避开那个行人才忽然刹车的。但仍有一些乘客并不原谅他，说自己摔伤了，要到医院去看病，司机必须为自己支付医疗费，司机当然对这种提议嗤之以鼻，于是双方爆发了更大程度的争吵。这时也有的乘客开始把矛头指向那个行人，说应该下去揍这小子一顿，让他记住这次教训。大家你一嘴我一嘴，吵作一团，骂作一团。

当时我就在这辆车上。我的脑袋猛然与另一个乘客的脑袋撞在一起的时候，我的第一反应是愤怒，第二反应是想打谁一顿。可是无意之中我发现了车厢后半部分的孩子们，他们从惊恐中恢复过来之后马上哈哈大笑起来。这个说："哈，你刚才差点摔倒，你可真笨！"那个说："小明趴到你身上，把鼻涕都蹭到你肩膀上了。"这场意外给孩子们带来更多的话题，整个车厢后半部更热闹了。

我忽然为自己的行为感到羞愧。我发现，我们这些成年人在遭遇意外时，马上就会把自己设计成受害者的角色，即使对方是无意的。这就是为什么总会有那么多因误会而生的仇恨大量地出现在成人中间。但孩子们则不然，他们把很多事情(只要不是危及生命的)只是当成生活中的一个小插曲。从这方面讲，孩子们是我们当之无愧的老师。

心灵感悟

孩子眼里看到的世界与成人有太大的不同，他们晶莹的瞳人里，倒映着的都是一个个水晶般的童话。他们最真诚、最质朴、最纯净的笑容犹如春日里带着晨露绽放的花朵。把现在浮躁喧嚣的成人，反射得丑态百出。

李斯特和女钢琴家

一位女钢琴家来到欧洲一座城市演出。海报上写着："李斯特的女学生。"

李斯特早已名震欧洲，既是他的学生，造诣一定很深。于是人们纷纷慕名而来。可是谁也没有想到她并不是李斯特的学生，甚至连李斯特的面也没见过。她之所以冒名顶替，只是为了招徕听众。

不料，就在她举行演奏会期间，李斯特也来到这座城市，而且就在她住的旅馆里下榻。

当她知道后，惶恐不安，连忙找到李斯特，痛哭流涕地请求宽恕。李斯特一点也没有责备她，而是和颜悦色地对她说："请你把演奏会上所弹的曲子弹一支让我听听吧！"李斯特当即指出她的不足，并为她示范，然后对她说："现在我已经教过你弹钢琴了，从此以后，你完全可以称为'李斯特的女学生'了。你开演奏会的时候，我还可以为你演奏一曲。如果节目单还没有印出来的话，请再添印一行：李斯特将亲临演奏。"

心灵感悟

当别人侵害我们的利益、冒犯我们的时候我们不去计较，不去追究，就显得足够宽容。如果我们能够再进一步主动去帮助对方，则更是需要宽阔的胸襟和高尚的人格了。

为爱长大

刚上大学时，为了多修学分，感兴趣的和不感兴趣的课程我选修了许多，这才有机会上一堂足以影响我一生的课。

那时，作为新生，同学们都不同程度地放纵着自己，有的开始谈恋爱，有的夜不归宿上网消遣，有的背起一只大挎包，到各校兜售廉价的日用品。大家好像都认同不思进取才是对枯燥沉重的高中生活的唯一补偿。我夹在他们当中，惶惑而孤独。

那是第一次上社会学选修课。讲课的教授貌不惊人，他走上讲台时我习惯地从书包中拿出一本正畅销的小说，但是，我很快就被他吸引了，在简单的开场白之后，他让大家回答"人为啥渴望长大？"这个问题。

这是个可大可小的问题。兴致勃勃的同学们踊跃发言，但没有一个答案令教授满意，最后，教授说大家不妨作一次社会调查，去问问那些社会中的人。

这项任务挺有意思，周末的时候，我先在校门口拦住一位公司职员模样的人,他边想边说:"应该是为了多挣钱,过上好日子吧!"这是很实际也很普遍的一种答案。随后我又到菜市场和音像店分别问了一个摊主和一位时髦女士,他们的意思大都如此。当然,也有例外,挤在公交车上,我问身边一位衣冠楚楚的中年男人这问题,他搔搔脑袋,很茫然地说:"人长大是生理成长的自然规律,没有为什么的问题。"

第二次社会学选修课上,教授让大家交流调查的结果,同学们七嘴八舌地说起来,教授把这些结果分类罗列在黑板上,答案形形色色,除了我得到的那种说法之外,还有为了报答父母、可以恋爱成家、回报社会、实现人生目标等。等大家停下来后,教授才深情地说:"你们说的都不错,但都只是一个方面。其实,这么多目的,归纳起来,就是为了去爱;爱自己,爱父母,爱爱人,爱子女,爱朋友,爱社会。"很复杂的一个问题,答案挺简单!教授接着又说:"所以,为了长大后能好好去爱,在长大之前,我们理应多多积累一些爱的资本。"

讲台下面悄无声息,大家都有一种醍醐灌顶的感觉。一句关于长大的箴言,像一道灿烂阳光深深射进几千颗混沌的心灵。是啊,长大是为了好好去爱,在不具备足够的爱的能力前,我们能做的,只有埋首创造。教授的话激励我在大学几年勤奋读书,辛勤笔耕,到毕业时就发表了二百多篇文章。即便现在,参加工作好多年,我也不忘勤勉做事,珍惜时间,因为用教授那标准来衡量,我不敢妄言长大。

心灵感悟

人间几乎所有的爱都是用真诚谱写而成的,只有歌曲是用乐器弹奏而成的。本文给读者留下了耐人寻味的悬念,指引着读者思考人生与爱的问题,具有明显的积极意义。一篇文章的好与差,在我看来,首先得看那素材,素材不好,再美的文字也枉然。这正如琢玉,首先得看那璞石是不是上好的,否则,再好的工匠,再好的工具,都不可能有美玉出来。这篇文章的材料非常生动,故不需大多雕琢,也能感人。

世界之所以丰富多彩,那是因为有了爱,有爱的生命,才是顽强的生命。我们如果都能奉献出自己的一点爱心,哪怕只是一个浅浅的微笑,哪怕只是一个微不足道的握手,都可能给予别人很多很多。

我没有被爱抛弃

爸妈不负责任的结合造就了一个我，也许一生到世上，我就是个多余的人。太多太多的因素造成了我忧郁的性格，我对周围的一切反应是平淡的。直到那一刻，直到遇到王老师的那一刻，才深深地改变了我，改变了我对人生的看法。

爸爸妈妈之间没有真感情，只是由于"文革"的因素，使他们无法去选择。最后妈妈跟定了爸爸，而爸爸跟妈妈在一起，只是为了续香火而已。姐姐和我的出生，没给他们带来多大的欣喜，相反，因为家庭生活的琐碎和贫困，吵架成了家常便饭。爸爸整天去做苦工，没有文化的妈妈只有天天在门前卖雪糕。他们没有多少时间来管教我和姐姐，尽管这样，那点微薄的收入也只能勉强糊口。在这种没有多少爱的日子里，我和姐姐一天天地长大。

在姐姐以优异的成绩考入重点职高的时候，爸爸妈妈却拿不出钱来，妈妈无奈地说："娃儿，别念了，咱家供不起。再说一个女娃上学能有什么出息……"姐姐"哇"的一声哭了出来，她哭得那样的伤心，我怎么劝也劝不好。当时我并不明白她为什么哭，不念书不是很好吗？这一直是我那时的想法，可后来我知道我错了。姐姐当天晚上狠心扯坏了那张录取通知书，也许是太伤心了，她整整哭了一个晚上。第二天，她向姑姑借了50元钱，南下打工去了。

从小就把姐姐作为依靠，如今姐姐走了，我都不知道自己该怎么办。妈妈的雪糕生意并不好，于是她收了摊去做缝纫工，爸爸呢？由于身体过度劳累，干不了太重的活，就只有在家养病。对于爸爸妈妈，我没有太深的感情，而对于一直疼我的姐姐，我却有深深的感情。还记得姐姐临走时哭着留了一句话："东东，好好念书，长大后姐供你。"可我却没有念好我的书，爸妈为了生活的奔波而忽视了我的存在，我成了一只没有人管的孤鸟，与班上那些不三不四的人打成了一片，成了铁哥们儿，学习更是一落千丈。日子悄无声息地过去，我已经成了半个江湖人士了。直到有一天，当我因打架斗殴而被警察戴上手铐时，爸妈才知道我已陷得太深了。他俩

第三篇 ◆ 冰淇淋在流泪

惜缘
——相遇是最美丽的奇迹

东挪西借，借了整整三天，终于借够了保释我的钱，当他俩把钱交给派出所时，我已被派出所关了整整三天，在这三天里，我尝尽了人间的冷漠与痛苦，我已经麻木了。当我不负责任地向这个世界挥手再见时，眼里甚至没流一滴泪。

当我渐渐地睁开双眼时，才发觉自己还活在这个世上，几天前吞服安眠药的功效已悉数瓦解。面对着日渐衰老的父母，我并没有感到太多的安慰，他们一味地指责我，一味地互相埋怨对方，这时我突然感到，在这个没有爱的家庭里，还有什么值得我留恋的呢？我多想说一声："妈妈，爸爸，你们在乎过姐姐的感受吗？你们在乎过我的感受吗？"可我没说出口，始终没说出口。

我出院了，但也转学了，原因是原来的老师说，像你这样的学生只会给班级抹黑，还不如趁早滚蛋。无奈，我转到了四中。新的班主任姓王，是一位和蔼的中年女教师，她给我的第一感觉就是似曾相识，有一种说不出的亲近感。我在王老师的带领下，走进了她教的班，在刚开始的一段日子里，我不爱说话，以前的痛苦经历提醒我不要再犯错误。但是每当看见同学们在一起打闹嬉戏的时候，心里就很难过，常常一个人偷偷地哭。慈祥的王老师发觉我很不合群，就在学习上、生活上过多照顾我，她经常把我叫到办公室谈心，谈生活上的问题、谈学习上的问题。在课堂上，她总是提问我，下课时也经常带着我和同学们一起玩。渐渐地我孤僻的性格有了一点儿改观，开始主动地和同学们接触。

我主动地帮助同学，在和同学们相处的过程中找到许多快乐，我才发觉原来这个世界是这么可爱，但我依然不能完完全全地摆脱家庭经济的危机和自己的过错，我总觉得自己是一个罪人，不能完完全全地融入这个大而善良的集体，可是王老师那博大的爱感动了我，使我感受到了这世间的真爱。

在我因腰椎炎住进医院时，王老师给了我深深的鼓励，当她得知我家交不起医药费时，便对我说她家有这种药，并及时给我带来了药。在老师的鼓励和帮助下，我很快好了起来，在我重新回到学校上课时，才知道药是老师花了近两个月的工资买的，我一时感动得不知所措……

为了报答老师，我发愤地学习，成绩突飞猛进，进入了班级"三甲"。当我把的经历告诉王老师时，我满以为她会很惊奇，可她却平静地让我体谅父母的不易，体谅父母那名存实亡的婚姻，体谅父母对我的爱，并让我不要让过去成为绊脚石，要正确对待自己，勇敢面对将来。听了老师的话，我深深地感动了，王老师是如此的体谅别人，虽然我感受不到父母的爱，但却感受到老师的爱。我明白了，我并没有被爱抛弃，为了不辜负老师对我的期望，我会更好地学习。

在我以优秀的成绩考上高中时，我才知道，王老师不知为我垫付了多少补课费……

在人生的十字路口我茫然不知所措时，是王老师给我指明了道路；在我以为我被爱抛弃的时候。是王老师用她那博大的爱感化了我，让我感到了爱的温暖。王老师，您的一生中，一切都为了自己的学生；您的一生中，也只有学生。

深深地说一声，祝福您，用我的心。

心灵感悟

《我没有被爱抛弃》以细腻的笔触叙述了"我"的成长过程。由于爸爸妈妈之间没有真感情，吵架便成了家常便饭。他们为了生活奔波，而常常忽视"我"的存在。当惟一依靠的姐姐因为家庭的贫困不得不辍学去南下打工的时候，"我"便成了一只没有人管的孤鸟，因为打架斗殴，"我"在派出所被关了三天，因为尝尽了人间的冷漠与痛苦，"我"自杀过。然而，在一个无爱的家庭里，死过一次的"我"对生命仍没有什么留恋。

这是一个出生在不幸家庭中的不幸的孩子。然而，他又是幸运的，因为在人生的十字路口，他碰到了一位充满爱心的老师。

"我"出院转学到了四中。新的班主任王老师不仅在学习、生活上给予了"我"无微不至的关怀，而且经常找"我"谈心，使"我"孤僻的性格有了改观。是王老师那无私的爱感动了"我"，使"我"感受到了世间的真爱；是王老师那博大的爱感化了"我"，让"我"体谅到了父母的不易，父母的爱，让"我"能正确对待自己，勇敢面对未来；是王老师那深沉的爱唤醒了"我"，使"我"发愤地学习，并以优秀的成绩考上了高中，从此改写了生命的篇章。

由"麻木"到"温暖"，是谁感化了那颗冰冷的心？是那位慈祥的、充满爱心的王老师。她用爱温暖了一颗麻木的心，她用爱感动了一颗年少无知的心。

爱在阳光下

那是在一年级的下学期，在一次音乐课上，小男使劲地敲击着键盘，使得周围的男同学纷纷效仿，之后还哈哈大笑影响了课堂纪律，课下音乐老师批评他的时候，正巧被我撞见了，我站在小男的背后，听见了他们的对话：

"你凭什么批评我，你怎么不批评其他同学！"

"你们这样做都不对，老师也批评其他同学了。"

小男瞪了老师一眼，歪着头、鼓着腮、撅着嘴。

"反正你不能批评我。"

"你的意思是以后犯了错，老师也不管你了？"

"不管就不管！"

听了小男这两句"应对"，音乐老师显然更加生气了。"不管你必须经过你家长同意，你犯了错误态度还这么不好，我得告诉你家长。"

"告诉就告诉呗！"

……

听到这里，小男对老师的态度让我很吃惊，但我什么也没说。在我把他带回来的路上，我几次想拉住他的手，可他就是不让，还有意离我远远的。我边走边回想这半学期以来小男的种种表现：课堂上，同学们坐得直直的，他却萎缩在座位上；走路歪着身子，像个小老头，老师稍不留意，他还把手指头塞进嘴里；班里的大事小事都和他不相干，和同学闹矛盾更是时有发生；当他犯错误，科任老师批评他，他的眼睛比老师瞪得还大。我批评他的时候，他虽然不会顶撞，但却很不情愿，即使改过表情也不屑一顾；在课间淘气，推搡同学，被我看见，他掉头就跑，和我的距离总是远远的。我想之所以他没有和我顶撞，可能因为我是他的班主任，他不敢吧。

那天下午，我和他的妈妈通了电话。原来，小男上幼儿园的时候很淘气，老师经常批评他，甚至有点小体罚。老师不喜欢他，幼儿园的小朋友都不和他玩。后来，幼儿园的老师不论遇到什么事情，只要和小男有关就批评他，时间长了，就养成他不喜欢老师，和小朋友不友好的性格。

了解了孩子的过去，我静心思虑，要想使小男改掉自己的缺点，成为一名心理健康的孩子，首先要消除他抵触老师的心理，然而这一改变不是一时的，也不是说教式的，还要从生活入手。

分析了原因，我便对症下药，抓住每一个契机。经过几次劳动观察，我发现小男在中午擦地的时候，总会兴致勃勃地干得热火朝天。对，就从这儿入手。于是在"周评"总结上，我特意在评比台中设一个"擦地表现突出"栏，小男的名字第一次写进了光荣榜，我带领全班同学为他鼓掌。

第二天劳动的时候，他不但积极热情，而且地面擦得既快又净。我趁势对他说："你擦的地面是咱们班最干净的，要是再主动为同学们扫地、拖地、做值日，你一定能评上咱们班的劳动小标兵，到那时候，你可就是同学们心中的榜样了，你愿意吗？"

第三天中午，我领同学们出去玩了，在孩子们的身影中，我发现少了一个，快上课了，队伍中又多了一个。回到教室后，我发现地面是有人擦过的。在小会上，我当着全班同学的面表扬了利用自己的游戏时间为大家做好事的小男。我为他鼓掌，大家为他鼓掌，我看见他流泪了。

从那以后，他每天和同学们一起做值日，我也经常夸奖他的自理能力强，会干活，会劳动，他也经常向我暗示："张老师该扫地了。"果然那段时间，他守纪律了，课堂坐得直了，和同学们的矛盾也渐渐少了，偶尔犯个小错误，我给他指出来时，他也虚心地接受。一个月后小男如愿评上了"劳动小标兵"。

一天早上，我刚进教室，小男塞给我一个纸条，然后掉头到水房洗拖布了，我打开纸条，拼音和汉字谱写出了孩子的心灵："这里的老师真的不打我，也不骂我，我喜欢上学，喜欢同学们，更喜欢张老师。"

看着小男的可喜变化，我趁热打铁。

一天上完课，我瞧了瞧凌乱的讲台自言自语道："唉，每天老师都忙着上课，哪有时间收拾讲台，要是有个仔细、认真、会干活的孩子帮我收拾就好了。"说罢，我抬头望向小男。

"小男，你愿意吗？"

小男走到我面前，两手捏在一起，有些胆怯、还带有调皮的语气："我要是做不好，你可别批评我。"

我摸了摸他的头说："你帮助老师，谢你还来不及呢，怎么会批评你呢，只要你用心去做，一定会做好的，老师相信你。"

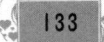

一年级结束了，小男不吃手指头了，坐姿端正了，见到老师主动问好，班上谁有困难他都会热心帮助，学习成绩也有了提高。小男在校"十佳"少先队员评比中，被评为"热爱劳动小能手"，在班级里，还被同学们评为"老师得力小助手"。

说到这里，霍老师的话又响在我的耳边："世上没有教不好的学生。"是啊，孩子们学习好不好，或者思想和习惯上出了问题，常常不是孩子们自己的过错，在很多情况下是我们老师工作中的疏忽或失误造成的。小男的转变告诉我，作为老师，要有爱心，要爱护每一个学生，即便问题再多的孩子，老师都该扶持和鼓励，都要一视同仁。老师不但要有爱心，还要有信心，要相信每个学生都是好孩子，都想学好，都能学好，要相信"不可救药的孩子是没有的"。让我们用爱心关爱每个孩子的心灵，让阳光普照孩子们健康成长吧！

心灵感悟

读了《爱在阳光下》这则故事，令人感动不已。一位教师，能以高尚的师爱抚育一名后进生不断进步，不断成长，令人为之钦佩。

师爱，是一种责任，没有责任感的教师是不可能科学施教的，也是不可能教育出好学生的。

总统的母亲

前总统约翰逊16岁中学毕业那年，他宣称自己受的教育已经足够了，然后就悄悄地和几个朋友去了加利福尼亚，全然没有顾及母亲丽贝卡的沮丧和泪水。两年后，走投无路的约翰逊回到了母亲身旁。

白天，他拿着凿子和铲子在公路队工作，晚上，他在路边的旅馆里寻欢作乐，可是生活却每况愈下。一天，他筋疲力尽地回到家，仰躺到床上，四肢伸开，无助地对母亲说："妈妈，我已经试过靠双手生活。如果您愿意帮我，我准备试着用我的头脑来重新生活。"

丽贝卡听了，立刻跑到电话机旁，给得克萨斯州教育学院的院长塞西尔·伊文斯博士打电话，伊文斯答应给约翰逊一个校园里的工作。但一个月40美元左右的最低生活费成了约翰逊改变生活的障碍。由于没有银行愿意把钱借给他，丽贝卡只好回到家乡布兰科，从一家银行贷款了75美元。

为了确保约翰逊能顺利通过入学考试，丽贝卡每天都陪着儿子一起学习。1927年3月，约翰逊终于成为得克萨斯州教育学院的一名大学生，他在为校报写的一篇文章中宣称："你想在生活中实现的目标几乎完全取决于你想让自己成为一个什么样的人……高度专心和强烈的进取心会使一个人在他选择的任何工作中获得成功。"而这正是母亲丽贝卡曾经一遍遍鼓励他的话。

正是在丽贝卡一点点的支持与鼓励下，约翰逊才最终走上了美国政坛，成为总统。

现在，丽贝卡和她的总统儿子约翰逊都已经长眠在他们家墓地的橡树下，但人们却永远记住了身为母亲的丽贝卡对儿子有力的支持。

心灵感悟

任何一个有成就的人背后，都离不开一个伟大的父亲或是母亲。孩子的成就仿佛就是他们的成就，父母让孩子踩着自己的肩膀往上爬，不辞辛苦，全心全意。就算孩子跌倒了，摔痛了，看到父母微笑慈爱的样子，心中的伤痛就会顿减，继续往前走。

母女的协定

在我的女儿露西13岁时，年轻人正流行穿着染得花花绿绿的T恤和磨得破破烂烂的牛仔裤。虽然我小时候也曾经历过经济大萧条，穷得没钱买衣服，但我也没穿得这么邋遢过。有一天我见到她站在门外，用泥土和石头猛擦新牛仔裤的裤脚。我心想："天呀！这可是我用钱买来的新裤子，你居然这样糟蹋！"我飞奔出去阻止她，然后搬出"妈妈幼年如何清苦过日，你现在却如此不爱惜东西"的老调，跟她说教了一番。没想到这孩子仍是不为所动，继续低着头使劲儿地擦着。我问她为何要把新牛仔裤弄成这样，她一副理所当然的语气回答："我就是不能穿新的嘛！"

"为什么不能？"

"不能就是不能，一定要弄旧才能穿出门。"

这是什么逻辑呀？新的裤子不能穿，非要搞得像块烂布才行。

每天早上她上学前，我总会盯着她一身打扮，然后叹口气："我的女儿居然穿成这副德行。"她身上挂着她爸那件旧T恤，上面染满了蓝色的圆点和条纹。而那条牛仔裤更是令人目不忍睹，低腰，裤身紧得像火腿肠；裤管经过她的"加工"，多了一把须须。她走路时，须须便在后面拖呀拖的。

然而有天她上学后，我突然像是听到上帝跟我说话："你记得每天早上女儿出门时，你都对她说什么？'我女儿居然穿成这副德行。'当她到学校和朋友们谈起整日唠叨的古板老妈时，她可有得讲了。你看过其他的初中女孩穿成什么样子吗？你为何不亲自去瞧瞧呢。"

那天我果真开车去接她回来，以便观察其他女孩的穿着，结果发现其他女孩穿得比我的女儿更"惊世骇俗"的大有人在。回家的路上，我向露西表示，也许我对"牛仔裤事件"反应过度了些。但是我趁机跟她提出条件："从现在起，你去上学或和朋友出去玩儿，爱穿什么随你的想法，我不过问。"

"太好了！"

"不过你跟我一起上教堂、逛街，或拜访祖母时，你要乖乖地穿些像样点的衣服。"她没搭腔，显然是有些考虑。

我继续说："这样做你只需让步百分之一，我却得退百分之九十五，你说谁比较划算？"她听了之后，眼睛一亮，然后伸出手来跟我握了握："妈妈，就这么说定了。"

从此之后，我每天早上快快乐乐地送她出门，对她的衣服不再啰唆半句，而她和我一起出门时，也会自动装扮很得体。

这个协定让我们母女皆大欢喜。

心灵感悟

宽容与理解，永远是沟通的黄金法则。亲子之间亦是。

第四篇

秋天的怀念

绿色的记忆

我结识的那位姑娘已经走了。带着瀑布般的秀发，带着特有的深沉、执拗和奉献于人的品格，带着那件绿色的军上衣和甜甜的微笑走了。留给我的只是一缕淡淡的惆怅，难以忘怀的记忆和对生活更炽烈的追求。

那是两年前的一次球赛，我膝关节严重扭伤住进了医院。一个偶然的机会，一位身材娇小、面容有些憔悴，却长着一对大眼睛的护士引起了我的注意。她没有像其他护士那样穿着白大褂，长长的头发上扎着一个漂亮的蝴蝶结。她端着药走到我的床边，轻轻地说："五号床，请服药。"我接过她递来的药，刚想放进嘴里，突然发觉不对劲儿：以往不一直服的是黑色的药丸吗？怎么忽然变成白色片剂了呢？正在疑惑之际，六号床的大个子嚷起来："错了，这不是我的药。"蓦地，我看到她面孔"刷"地红了，鼻尖上沁出了点点细细的汗珠，连声说："对不起，是我搞错了，瞧我的脑子……"她使劲地捶着头，急得连声音也变了。

我们就这样相识了。

后来，一连十多天没有见到她。新来的护理员告诉我，她被调到种植药草的苗圃去了。"从白衣天使变成了绿色的耕耘者。"我打趣地说了一句。就因为发错了药吗？我真有点儿后悔，不该把情况反映给护士长。

一天，我从理疗室回来，站在林荫道旁的画廊前看画报。忽然，一阵大风，刚刚还好端端的天竟下起了雨，豆大的雨点儿打得两扇铁皮大门"叮当"直响，我把目光移向大门。突然间，我的目光停住了。那是谁？透过雨幕，我看见一个纤细的身影，担着两只沉重的竹筐，正沿着苗圃的小道，艰难地向前挪动着。

竟是她？

无情的雨水，鞭子般地抽打在她的面孔上，长长的头发，披散在肩上，雨水顺着头发像山泉般地往下流淌，绿军衣早已湿透了，紧贴在她那并不丰满的胸脯上。

她担着满满两筐带泥的药草秧苗，扁担都压弯了。不是亲眼看见，我简直想象不出她能挑起这副重担。她玩命地干是为了什么，是偿还，还是给予呢？我内心矛盾极了，敬佩之中带有一丝淡淡的内疚。

突然，她"哎呀"一声，连人带筐跌在泥泞的小路上。我几乎忘记了医生嘱咐的不能快跑的警告，猛地冲入大雨中。她坐在泥水里，怀里还紧紧地抱着那装满秧苗的竹筐。我扶起她，想趁机夺过她肩上的担子，没想到竟被她拒绝了。她认出是我，也许是感激抑或是为了解除我的尴尬，她扬起那汗水和雨水交织的面孔，留给我一个甜甜的微笑。

沉重的担子又落到她肩上。

我木然地站在雨中，任凭冰凉的雨水顺着脖子往下流淌，目送着她那绿色的身影消失在小路尽头，心底涌起一股莫名的情感。

雨中邂逅，她那坚强执拗的性格深深感染了我，也说不清为什么，她那纤细的身影和甜甜的微笑时时浮现在我的脑海里，赶也赶不走，总好像欠下了她什么，却又不知怎么偿还。

从那以后，我常常在绿色的林荫道上徘徊，渴望她能再次出现在我的视线内。然而，我怎么也没想到，就在我办理出院手续的那天，护士长急匆匆地跑来告诉我，她病危了。我简直不敢相信自己的耳朵。护士长说：前天下午，医院急救室来了一位大出血引起休克的妇女，急需输血抢救，可医院血库储量不足，情况万分紧急。不少同志闻讯赶来，她也直奔血房，把她那细细的胳膊有力地伸给了医生："我是O型血，先抽我的!"语调是那样平静，口气却是那样坚决，几乎没有半点儿商量的余地。

鲜血，500毫升殷红的鲜血，流进了一颗濒于衰竭的心脏。而她自己却倒下了，倒在了那块刚刚吐出嫩绿的秧苗地里，像孩子熟睡在母亲绿色的怀抱。

她被送进了急救室，手上还沾着尚未来得及擦洗的泥土……

她再也没有站起来。后来大家才知道，疾病已经在她年轻的躯体里埋藏了很久，急性心肌梗塞夺去了她年轻的生命。

她无声地走了，而我却刚刚开始认识她。

踏着她曾走过的小路，我寻觅着她的足迹。哦!我看见了，青青的蓝母草，苍翠的小葡萄，碧绿的野菊花，还有许许多多我叫不出名字的药草。这生机勃勃的绿色，倾注了她多少深情，寄托着她多少希望。我突然明白了，疾病只能摧残人的肉体，却不能摧残人的意志、毅力和无私的品格。

我默默离开了她，离开她曾经耕耘过的苗圃，离开了那条绿色的林荫道。然而，在我记忆的屏幕上，却刻下了一道深深的痕迹；在我的心灵深处留下了久久不能忘记的一片绿色的记忆……

心灵感悟

谁要在世界上遇到过一次友爱的心、体会过肝胆相照的境界，就是尝到了天上人间的欢乐。

来自蝴蝶的一个吻触

你怎么也不会想到，来自蝴蝶的一个吻触是怎样的美丽和神奇。

这是个寻常的午后，满眼是闹嚷嚷的花，我独在花间小径上穿行，猝不及防地，一只蝴蝶在颊上点了一个吻触。我禁不住一声惊呼，站定了，眼和心遂被那只倏忽飞走的蝴蝶牵引，在花海中载沉载浮……良久，我发现自己的身子竟可笑地朝向着蝴蝶翩飞的方向倾斜——不用说，这是个期待的姿势，这个姿势暴露了这颗心正天真地巴望着刚才的一幕重放！

用心回味着那转瞬即逝的一个吻触，拿手指肚去抚摩被蝴蝶轻触过的皮肤。那一刻，心头掠过了太多诗意的揣想——在我之前，这只蝴蝶曾吻过哪朵花儿的哪茎芳蕊？在我之后，这只蝴蝶又将去吻哪条溪流的哪朵浪花？而在芳蕊和浪花之间，我是不是一个不容省略的存在？这样想着，整个人顿然变得鲜丽起来，通透起来。

生活中有那么多粗糙的事件，那么多粗糙的事件每日不由分说地强行介入我的生活。它们无一例外地被"重要"命名了，拼命要在我的心中镌刻下自己的印痕，可不知为什么，我却越来越麻木，越来越善于忽视和淡忘那些所谓的"重要"事件。炸雷在头上滚过，我忘记了掩耳，也忘记了惊骇；倒是一声花落的微响，入耳动心，让人莫名惊悸。那么多经历的事每每赶来提醒我说那都曾是被我亲自经历的，我慌忙地撒下一个网，却无论如何也打捞不起它们的踪影了。

今天，来自蝴蝶的一个吻触，是这样深深打动了我的心，并且给了我深刻铭记的理由。微小的生命，更加微小的一个吻。仿佛，尘世间什么都不曾发生，但又分明有什么东西被撞击出了金石般的轰响。倏然想到李白笔下的"霜钟"——一口钟，兀自悬空，无人来敲，它抱着动听的声响，缄默着走进深秋；夜来，有霜飞至，轻灵的霜针一枚枚投向钟体，它于是忍不住鸣响起来，响彻山谷，响彻云霄。想来，世间最细腻、最别致的敲击与世间最细腻、最别致的吻触，大约都是最能拨动人心弦的东西吧？沧海当前，却以一粟为大。脑子里放置着一个有趣的筛子——网眼之下，是石块，是瓦砾；网眼之上，是碎屑，是尘沙。

——好，就让我窖藏了这个寻常的午后吧！就让那来自蝴蝶的一个吻触沉进最深最醇的芳香里，等待着一双幸福的手在一个美丽的黄昏启封一段醉人的往事……

心灵感悟

绳在细处断，情在美中生。一个尚能在俗常生活中发现并感受蝴蝶之吻的人，心底是多么的绚丽美好啊！这样的人是幸福的。不要放过身边的每一个动人的瞬间，那是上帝派来的天使给我们，悄然送来最美好的馈赠。

士兵和陌生的老人

护士领着一位疲惫而又急切的士兵来到病床边。"你的儿子来看你了。"她对老人说。护士说了好几遍，老人的眼睛才睁开。因为心脏病注射了很多药，他双眼模糊地看到一位年轻的海军士兵站在氧气瓶旁边。他伸出了一只手。

士兵马上握住了老人干枯瘦弱的手，用无声的语言传达着安慰。护士给他搬来了一把椅子让他坐在床边。他就这样握着老人的手，整夜陪伴在光线黯淡的病房里，给老人鼓励和安慰。护士不时提醒他休息一会儿，但他每次都拒绝了。

护士进病房的时候，她知道士兵一定注意到了自己，但是她给病人换氧气瓶、夜班人员互致问候、其他病人的呻吟，这些吵闹的声音好像对士兵没有什么影响。

老人躺在床上什么也没说，只是紧紧握着儿子的手。

黎明时分，老人去世了。士兵放下老人的手，走出去通知护士。当护士来处理的时候，他就在旁边等待。最后，护士把一切做完后，开始安慰他，但是他打断了护士的话。

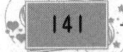

"这个老人是谁?"他问。

护士吃了一惊,说:"他不是你的父亲吗?"

"不,他不是,"士兵回答,"我从来没有见过他。"

"那么,为什么在你刚见到他的时候不说呢?"

"你叫我来守候老人的时候,我知道一定误会了,但我更知道他需要他的儿子,而他却不在。他已经病得认不出自己的儿子,但希望他在身边守候,所以我就决定留下来。"

心灵感悟

如果有人需要你陪伴和安慰的时候,你一定要尽力留下来。陪伴和安慰的力量是惊人的,不仅能够使对方感到温暖,你自己也能得到爱的回馈。

快乐的感恩节

多年前一个感恩节的早上,有对年轻夫妇的一家人却极不愿醒来,他们不知道如何以感恩的心过这一天,因为他们实在穷得可怜。圣诞节的"大餐"想都别想,能有点简单的食物吃就不错了。早先若是能跟当地的慈善团体联络,或许就能分得一只火鸡及烹烤的作料,可是他们没这么做,为什么呢?就跟其他不少家庭一样,要有骨气,是怎么样就怎么过这个节。

因为贫困,所以心情不好。没多久,这对夫妇就争吵了起来。随着双方越来越烈的火气和咆哮,看在这个家庭最年长的孩子眼里,只觉得自己是那么的无奈和无助。

然而,命运就在此刻改观了……

沉重的敲门声在耳边响起,男孩儿前去应门,一个高大男人赫然出现眼前,穿着一身皱巴巴的衣服,满脸的笑容。这个男人手提着一个大篮子,里头满是各种所能想到的应节东西:一只火鸡、塞在里面的配料、厚饼、甜薯及各式罐头,全是感恩节大餐所不可少的。

这家人一时都愣住了,不知道是怎么一回事。门口的那人随之开口道:

"这份东西是一位知道你们有需要的人要我送来的,他希望你们知道还是有人在关怀和爱你们的。"

起初,这个家庭中做爸爸的还极力推辞,不肯接受这份礼。可是那人却这么说:"得了,我也只不过是个跑腿的。"带着微笑,他把篮子搁在小男孩儿的臂弯里转身离去,身后飘来了这句话:"感恩节快乐!"

就在那一刻,小男孩儿的生命从此就不一样了。虽然只是那么小小的一个关怀,却让他意识到人生始终存在着希望,随时有人——即使是个"陌生人"——在关怀着他们。在他内心深处,油然兴起一股感恩之情,他发誓日后也要以同样方式去帮助其他有需要的人。

到了18岁时,他终于有能力来兑现当年的许诺。虽然收入还很微薄,但在感恩节里他还是买了不少食物,不是为了自己过节,而是去送给两户极为需要的家庭。他穿着一条老旧的牛仔裤和一件T恤,假装是个送货员,开着自己那辆破车亲自送去。当他到达第一户破落的住所时,前来应门的是位拉丁妇女,带着提防的眼神望着他。她有6个孩子,数天前丈夫抛下了他们不告而别,目前正面临着断炊之苦。

这位年轻人开口说道:"我是来送货的,女士。"

随之他便回转身子,从车里拿出装满了食物的袋子及盒子,里头有一只火鸡、配料、厚饼、甜薯及各式的罐头。见此,那个女人当场傻了眼,而孩子们也爆出了高兴的欢呼声。

忽然这位年轻妈妈攥起年轻人的手臂,没命地亲吻着,同时操着生硬的英语激动地喊着:"你一定是上帝派来的!你一定是上帝派来的!"

年轻人有些腼腆地说道:"噢,不,不,我只是个送货的,是一位朋友要我送来这些东西的。"随之,他便交给这位妇女一张字条,上面这么写着:

"我是你们的一位朋友,愿你一家都能过个快乐的感恩节,也希望你们今后若是有能力,就请同样把这样的礼物转送给其他有需要的人。"

年轻人把一袋袋的食物不停地搬进屋子,使得兴奋、快乐和温馨之情达到最高点。当他离去时,那种人与人之间的亲密感和相助之情,让他不觉热泪盈眶。回首瞥见那个家庭的张张笑脸,他对自己能有余力帮助他们,心内生出一股感恩之心。他的人生竟是一个圆满的轮回,年少时的"悲惨时光"原来是上帝的祝福,指引他一生以帮助他人来丰富自己的人生。

心灵感悟

不管要面对多么大的困难，即使自己所知有限、能力不足，也要尽量拿出实际行动，努力去帮助别人，奉献出一份爱心。只有尽力去奉献爱，才能促进自我成长，埋下幸福的种子。

事情的真相

他很苦恼，事情的起因是由于一个男人到他这个神甫面前忏悔。

"实话相告，我是个杀人犯。"

那男人坦白地说他是一个杀人案中真正的凶手，而该案的嫌疑犯已被逮捕并判处死刑。他当然应该向警察局报告这件事的真相，可是他的宗教严禁将忏悔的内容泄露给他人。

他不知该如何是好。如果就这样保持沉默，一个无辜的人就将冤死，这会使他良心不安。但是要打破教规，这对于发誓将一生献给上帝的他来说，无论如何做不到。他陷入了进退两难之中。

最后，他决定保持沉默，于是他来到同为神甫的朋友面前忏悔。

"我将眼看着一个无辜的人被处死。"

他陈述了事情的来龙去脉。

这位神甫朋友也为难了。想来想去，他也决定保持沉默。为了逃避良心的谴责，他又向另一个神甫忏悔。

"你还有什么要说的吗？"神甫问死囚。

"我没有罪！"死囚叫道。

"这我知道，"神甫回答，"你是无辜的，这全国的神甫都知道。但是，谁也不能把事情的真相说出来。"

心灵感悟

为了死板的规定，为了自己不"犯错"而昧着良心，不去面对事实，不去帮助那些需要帮助的人，无论如何，这都不能说是坚定正直，而是懦弱和卑劣。

一个走错路的科学家

菲力普·勒纳是19世纪匈牙利出生的德籍物理学家。1898年，他在基尔大学研制出了最早的阴极射线管，并发现了阴极射线的许多特征，例如高速阴极射线的许多特性，例如高速阴极射线可以穿透薄的金属板。这个发现对电子学和核物理学的发展有重要影响，他也因此荣获1905年诺贝尔物理学奖金。

然而不知道为什么，勒纳特别讨厌牛顿，对"伊萨克·牛顿"这个名字有一种病态的厌恶感，得了恐惧症。他不但不能说"牛顿"这个词，就是写，或者看到别人写，听到别人说到牛顿，他都不能容忍。然而经典物理学毕竟是牛顿建立起来的，讲授物理课无一例外地要讲到牛顿。无奈，勒纳在必须讲到牛顿的时候，总是背朝黑板，由助手把牛顿的名字写出来，在他转身继续讲解之前，又让助手把牛顿的名字擦掉，往往弄得学生莫名其妙。事实上，谁也不清楚其所以然。勒纳就在讨厌牛顿但又不得不与"牛顿"打交道的矛盾中，度过了一生。

勒纳的这种怪习惯可能同他的家庭环境有关。他父亲是一个酒商，没有时间给小勒纳以必要的关心。他母亲去世早，父亲再婚，他由继母抚养大。显然，他的继母不像生母那样无微不至地关怀他。从这时起，勒纳的心理就开始发生异常的变化：好猜疑，心胸狭窄，妒忌好胜，总觉得自己生活在这个世界上受了很大委屈，滋长了极强的报复心理和逆反心理。到青年时期，勒纳血气方刚，脾气暴躁。在匈牙利布达佩斯读大学时，因追求一位漂亮的女同学遭到拒绝，对他的打击很大，整天无精打采。导致学习成绩越来越差，以致最后中途退学。这些都加剧了他的变态心理。

1893年，勒纳到波恩大学当赫兹的助手。他非常钦佩这位电磁波的发现者，但他的超敏感性，竟使他产生一种病态心理，感到自己被赫兹忽视，甚至被排斥。

勒纳还同著名的X射线发现者伦琴有一段瓜葛。伦琴在1895年发现X射线后，勒纳感到非常沮丧，因为用阴极射线管做实验是他的拿手好戏，可是他并未发现X射线。更令他灰心丧气的是，发现X射线前，在伦琴的要求下，勒纳曾经供应伦琴一根"可靠"的阴极射线管，而伦琴从未表示到底是否用过这一根管子得到他的发现，只是在一篇题为《关于新射线的产生》一文中，承认他们的这种协作关系。由于这件事，他们之间出现了裂痕，因而勒纳从不用"伦琴射线"这个词，而是用"高频率辐射"代替它。

爱因斯坦曾说过，勒纳是一位多方面不平衡发展的人物。到了晚年，勒纳便陷入了狭隘的民族主义和反犹太主义，成为偏执狂。在1920年9月的一次物理学会议上，勒纳开始恶毒攻击爱因斯坦及其相对论，并声称与相对论势不两立。他和另外一名诺贝尔奖金获得者斯塔克一起，成为所谓"德国物理学"的中坚人物。他们早就叫嚷：如果给相对论的创立者颁发诺贝尔奖，他们就要退回他们所获得的诺贝尔奖。尽管瑞典皇家科学院宣布爱因斯坦荣获1921年度诺贝尔物理学奖时，把授奖原因谨慎地说成光电效应等的解释，没有提到相对论。但是勒纳竟然还向诺贝尔评奖委员会提出抗议，指责对爱因斯坦的光量子假说给予如此高的奖励"太草率了"。

勒纳还盲目崇拜希特勒，吹捧希特勒为"具有清楚头脑的真实哲学家"。勒纳在希特勒上台后就担任了他的科学顾问，和斯塔克一起参与纳粹体制，把爱因斯坦等人的研究称为"犹太物理学"而加以抵制。1933年，勒纳在纳粹党报《人民观察》上发表文章，攻击爱因斯坦和相对论。

一旦成为狂，便不能自拔。纳粹党徒及其御用科学家，七拼八凑，编辑出版了一本《反相对论百人集》，勒纳就是其中的急先锋。他们用无赖的攻击、咒骂代替了学术争论。据说当时这本书送到爱因斯坦手里时，他看都不看，只用手掂了掂分量，讥讽地说："如果我的理论错了，有一个人证明就够了，何必抬出一百个人来？一百个零加起来还是零。"

心灵感悟

牛顿就是牛顿，爱因斯坦就是爱因斯坦，勒纳也就是勒纳。他们对科学的进步所作出的贡献，是谁也抹杀不了的。但勒纳作为一位有贡献的物理学家，却因走错了道路，不能不令人遗憾。

农夫和老虎

从前，有个农夫看见山坡上有只乳虎，便抱回果园驯养。老虎渐渐长大了，再也没有人敢到果园偷摘水果。

一天，农夫对老虎说："我到果园一定穿木屐来，走路就会嗒嗒响。如果轻手轻脚，没有什么声音，一定是来偷水果的，你就毫不犹豫地扑杀他。"

老虎连连点头。农夫还不放心，三天两头到果园观看老虎是不是忠实履行自己的诺言。他发现白天老虎在园里，晚上却见不到踪影，认为它只吃不守家，白养了。

第二天晚上，他不穿木屐，轻轻地走进果园摘果子。老虎以为别人偷水果，便纵身一跳，死死咬住他的脖子。农夫连忙说："是我！"老虎松开口，果然是主人，可是脖子已经被咬断了。于是，老虎仰天悲鸣，愤然离去。

心灵感悟

除非你完全信任别人，否则你就不完全爱他们，也不会真正得到别人的爱，如果处处怀疑别人防备别人，就等于给自己带上了沉重的枷锁，在生活中就会很累。

此岸，彼岸

哲学家告诉我们，此岸到彼岸有多长，一生就有多长。但实际上，此岸与彼岸对于人生是远远不够的，此岸与彼岸并不能耗尽所有人的一生，有的人就没有彼岸。这个悲凉的认知源于一段心灵疼痛的旅程，旅程的疼痛始于2002年中元节，在台湾海峡的彼岸，我认识了一个与我们骨血相连却苦海无涯的群体。

我们去不去阿里山、日月潭？去不去绿岛？去不去澎湖湾？今天只有半天工夫了，还是先去看看基隆港？

我们这一代人，对于台湾的向往大多来自我们熟知的那几首台湾民谣，向主人唧唧喳喳的要求——托出各自的台湾梦。

圆梦。《美丽的基隆港》,我们胡乱哼唱起来,从台北上中山高速公路,经过隧道就进入基隆,仿佛过时光隧道来到了另一个世界。

基隆的确像是另一个世界。

那天,我们一车人闯入的是一个临海依山次第而生的海港山城,它没有台北的都市化,甚至连一片大平地都少见,三面环山一面临海,形似鸡笼,旧时就称鸡笼港。然而,基隆的别样,并不只在于山城海港,更令人诧异的在不期然中,我们闯入了一个勾人哀思的香火世界。满街飘散着各色冥钱焚烧的烟火,店铺门前巨大的或方或圆的铁盒熊熊燃烧着各式现代化的生活冥物,家家户户门前挂着灯笼,上书有"阴光普照"、"庆赞中元"、"普度"等字样,处处插有"何蓝韩"姓氏的蓝白旗。仿佛丧礼,仿佛乡葬,仿佛清明,又肯定不是,街上的人们一脸虔诚和肃穆。我们一车的欢歌笑语刹时凝团,谁都未见过这般情形,只觉出阴气嗖嗖,以为闯入一个不该打扰的诡异世界。

主人没料到我们一脸骇然,她受传染似地急急告诉我们,这是台湾的"中元祭"即中元节——鬼节,整个农历七月都是,尤以基隆为甚。

果然,穿过一城的香火,顺山盘旋到了"老大公庙"。这是基隆中元祭的中心,这天是初九,那里已是香客熙攘、灯明火旺了。回望山城,香火萦绕,冥旗飘飘;放眼海港,船帆齐整,远海苍茫。基隆地势险峻,又是主要的登陆港。早期,大量的移民辗转漂洋过海来台湾,沿途葬身海底的不计其数,侥幸在此的登陆者又因种族理念不和,械斗、纠纷死伤惨重。这里的冤魂实在太多太多了,便有了隆重的中元祭,有了后人悼祭在此不幸的亡灵,有中元普度节庆诵经超度亡魂并为后人祈福。

于是,每年七月以老大公庙为中心,以民间各方宗亲团体轮流担任炉主,并请道士或僧侣主持,举行普度、放水灯、放焰口等祭仪。而能担当炉主的则为基隆人口最多、凝聚力最大的黄、江、林、郑、赖、许、刘、唐、杜、张、廖、简、何、蓝、韩15姓的字姓宗亲会轮流,今年的炉主"何、蓝、韩"宗亲会已在初一会同道士在此打开了庙侧龛门、启墓扉、放鬼魂,让冥界幽魂无主阴灵来到阳间,分享餐宴,直至七月底"关鬼门"。这么说,我们如今是与无主孤魂野鬼一起在四处飘荡?在无神论中浸淫太久的我们不觉打了一个寒战。中元节,我们也是近10年才开始摆上桌面的,也不过全家吃顿饭、烧个香罢了。

俗话说"当兵望落雨，饿鬼望普度"。在基隆，鬼神的期望的确得以圆满。七月初一"鬼门"一开，老大公庙夜夜点灯，那各家各户门前高挂的灯笼都是夜夜明亮的普度公灯，它们要整整点够30天，彼岸的幽冥到此岸享祭的来往之路，就是亮堂堂的了。那么，在阳界流浪的我们则是借光的了。在我们长期的理念里，我们是否缺乏这种对彼岸阴界的关爱之心呢？是否缺乏对此岸彼岸、对生死阴阳两界的追问呢？一时，便觉出了基隆人的可爱和可敬了。你想，如此尊崇彼岸各方冥灵、慎终追远，如此祭祀祖先、推己及人，如此充满敬天法人的情怀，其意义似乎早已超越了宗教。

真正感化幽冥，也感动我的是中元节的当天。

那天，我到台湾中部的花莲时，夜色已晚，统帅大酒店的房间正在直播基隆人中元祭的高潮——七月十四放水灯游行和放水灯仪式。那真是热闹非凡的场景，岸上彩船彩舞，水面灯火辉煌。所有的水灯不仅争奇斗艳，还争先恐后，人们呼喊着，许多青年人甚至上了年纪的人们下水推灯助澜，各姓氏角逐相当激烈，谁都希望自家本姓的水灯能拔得头筹。因为水灯漂流越远，则越表示崇高诚意，对幽魂能有更多感召，也能普度更多的孤魂野鬼，并得以庇佑施灯的人兴旺平安。

那是倾家倾城的祭祀，招引了大量世界各地的游客。人们疯狂的虔敬达到了极致，既在感化幽冥也在感动自己。

可是，今夜谁能感动那个广西老乡曾老伯百孔千疮的心呢？

车子刚进花莲时，主人指着路边一个院子说："那是'农民之家'，住的全是在台湾孤身一人的大陆老兵。"同伴中的曾先生低声叹道："我老家有个叔叔可能还在里面，如果他活着。"于是，我听到一个难以释怀的故事。

曾老伯是广西武鸣人，当年是村里有本事的青年人，1948年当兵前与青梅竹马的同村女孩结婚了，没料到这暮婚晨告别，无奈太匆忙，便是漫长凄苦的半个世纪的别离。曾老伯跟着蒋家部队一路血雨腥风一路牵魂新娘一路到了台湾，然后，是谁也料不到的几十年始终不寐地思念，尽管音信全无，他却深信他的爱妻与他心心相印，年年期待着回家与她团圆，这个梦想支撑了他50余年。

也是，爱的确能创造一切，当世界还是一片死气沉沉的不毛之地的时候，是爱神厄洛斯"拉起了他的生命之箭，射穿了大地冷漠的胸膛"，"黄褐色的大地立刻覆盖上一片繁茂的青翠"。生命是男人和女人创造的，万物是爱创造的，有生命的世界就有爱。

第四篇

◆ 秋天的怀念

新娘也深爱着她的如意郎君，在那个时代，她咬着牙把屈辱一一往肚里吞，一等就是近20年，然而，再坚强的脊梁也难以负荷"文革"的严酷时代，况且，她的新郎生死不明、杳无音信。最后在众乡亲的撮合下，她改嫁了。

世经之交，曾老伯终于与家乡联系上了，口口声声回来与他的新娘团圆，没有人敢把真相告诉他。

54年后的相逢已是尘满面、鬓如霜了，整整3个小时，两老相顾无言，执手相看泪眼，竟无语凝咽，唯有泪千行。要开饭了，曾老伯兄弟让女方赶紧悄悄离开。落座时，曾老伯才发现这一切，悲愤交加的老人摔下筷子竟去追赶他的新娘，整整追了5里地，也没能追上他的新娘。

尽管残年兄弟相逢在，老伯更盼妻子在身旁。爱可以激发生机，同样也可以扼杀生机。曾老伯张了半个世纪的爱弦"砰"的一声断了，一生的期待在相见的瞬间，引发出令人惊叹的喜悦也带来令人沮丧的绝望。人的内心不可以没有期待，那是宗教，那是信仰。绝望中，他当即把自己带回来的一辈子的积蓄，也就是他原准备抚慰他的新娘并安享晚年的生活所依，全部送给了兄弟乡邻，并以最快的速度回到台湾海峡的彼岸。回到"农民之家"的当晚就病倒了，并拒绝医治。

不久，在岸的这边，他的新娘也病重了。

花莲是石头之乡，它邻近的太鲁阁峡谷的大理石世界闻名。绚丽的石纹肌理分明，一条纹路便是一次惊心动魄的板块运动。我不知道，在曾老伯和他的新娘百孔千疮的心里，发生过多少次人生的板块运动；我还不知道，基隆中元祭的水灯是否有一盏属于曾老伯。

精美的石头真的会说话？

一夜无眠。

清晨5点多钟，我便冲到令我心里堵慌了一夜的"农民之家"，我只想赶在8点半出发前看看曾老伯是否还在世，我还想看看那些大陆老兵，他们是否像传说那样过着艰苦的生活。

没料到，那是一个漂亮的大院，排排行行的榕树掩映着一个个红瓦白墙的小院落，老人们说那是他们的住所，大理石的门楣也有些气势。

围墙外正有三位老人在散步，征得他们同意，我们聊开了。棕毛伯是上海人，陆、李是安徽芜湖人。徐老伯说他回过上海，只剩几个远亲了。他说"我们都是孤身一人，有钱就有亲戚，没钱就没有亲戚。"大部分回过家乡的人，都回到这里，而整个大院（"农民之家"也叫"国民之家"、"荣军院"），有大半人没回过大陆，主要是家乡已没有亲人了。陆老伯、李老伯就没回去过。陆老伯说他有个妹妹以前在上海纱厂做工，他写了许多信，最终只得知她去了东北。他读过点书，他说："我们一直都在等死，谁理你？80岁了早该死了，死了也没人理。人言落日是天涯，我们望穿天涯也不见家。"他说着宋诗呢，语气却冷漠。

　　当我问及曾老伯时，他们说虽然不认识曾老伯，但这类事在大院里太多太多，多半都是绝望而死。这个院子建了四十多年了，原来好几千人，都死得差不多了，如今只剩下七百多人，都是民国三十八年过来的大陆兵，生活能吃饱，可是全部都是孤身一人，"没有想法啊"，也有极个别与当地人成家的。"他就是。"老人指着一位开着一部旧车过来的壮实老人说，他是安徽老兵，每天清晨他都会来陪他的老乡老战友们在大院门前的石凳上坐坐。他说，他今早来晚了，因为昨晚中元祭到深夜，睡晚了。

　　难怪，我清晨打不着出租车，是酒店大堂副理帮我叫的车。老人又说："大院的人不关心中元节。"

　　他们说，他们钱不多，偶尔也会结伴到以大陆地名命名的风味菜肴餐馆茶室坐坐，吃吃乡情：汕头沙茶、上海卤味、四川抄手、广东老火汤、湖州粽子、北平豌豆黄……有时，只上一碟驴打滚，听听乡音，解一解长长的思乡之情。然而，回到大院，又是一夜一路的乡愁。清晨，如此刻，万物还在沉睡、他们又三三两两。或以老乡为由。或与战友为伴，走走看看，有话没话，或者一径沉默。他们说，乡愁一直都是只犬，女人梦则是一匹狼，它们在他们一辈子的荒原里嗥叫，怎么也挣不脱，它们交替着时时逼逐乱来，闯进日梦夜魇里狂吠而且长吠。许多老人便挣不出嗥声，惶惶然追犬而去了，更多的老人还在此生凄苦无望中挣扎。他们说，他们无所谓生无所谓死了，生死都没有人可以相会，曾老伯有可能与他的新娘相会吗？他们说"活也不是、死也不是"。

　　他们没有彼岸。

　　正聊到苦处，从大门里又走出来一位穿格子睡衣裤的老人，他听到我的恳求："老伯，您好，我可以跟您说说话吗？"

　　"不可以。什么大陆，什么蒋介石，我都不要！蒋介石老是说马上就带我们打回去的，骗人！"他愤然而去。

　　几位老人说："难怪他了，十几岁就离开北平的家，一身弹痕，又一直没回过大陆，没有任何亲人了。老蒋一直说带我们马上回去，喊了几十年，等不到也成不了家。老蒋还比我们先死，他有人送终，我们只能当孤魂野鬼了！"

老人们心中的耿介和块垒绝非外人可以想象。老人们可不管政治，他们只想回到生命的本真，回到人生的起点——故乡，回到人生中生命之源——爱情。这是他们人生的此岸，尔后，在故乡与爱人一同走完此岸，在彼岸圆满新的世界。然而，乡关何处？爱人何方？此岸没有人等待他们，彼岸他们也没有人等待。

"生死都是可怕的。"

"我们在等死！谁管你呢！！"

这些时代的孤儿。

我曾看过一条新闻，在加拿大，老兵们每年11月11日都集会游行，为了纪念那些失去今天的战友并为此而自豪。他们认为他们已经为这个社会作出贡献。政府官员一同与他们举行纪念仪式，他们穿着不同年代的旧军装，高唱军歌，老泪纵横，感慨万千，队列里有不少华裔老兵。

然而，在台湾海峡的彼岸，我认识的这群与我们骨肉相连却苦海无涯的群体，却是一个被遗忘被漠视的群体。

我有说不出的感受，我想，一切战争狂想都是有罪的。战争的残酷，不仅仅表现为对平民生命的漠视，也表现为对军人生命的漠视。

在与台湾黎明文化公司座谈时，我读到他们出版的陈漱渝先生《以贫穷人为师》的文章，让我难以忘怀的是陈先生提到台湾的孙大川先生写文章引用了威廉·詹姆斯对工业革命后现代社会中财富与贫穷问题的有关论述，特别强调要"以贫穷人为师"，因为：

——在这个世界上，有谁比他们更有资格告诉我们"不正义"的痛苦？

——有谁比他们更具权威、更具说服力地说出"被排斥者"的疏离经验？

——有谁比他们更了解"知识""职业"以及"住屋"对人的重要性？

——有谁比他们更清楚"饥饿"与破碎的"家"对人性的摧残？

——有谁比他们更知道"尊严"与人间善意的价值？

——有谁比他们更渴望"自由"？

——有谁比他们更清楚"恐惧"的滋味？

请允许我把它摘录于此，献给这些大陆老兵。

农历七月十五，台北在举行盛大祭拜的普度仪式，我们从花莲飞抵台中,驱车前往埔里。

在穿越南投的旅程中,随着黄昏残阳的逼近,沿途一直不间断的私普(家庭中元普度)越来越多,渐渐变得家家户户都在门前祭拜了,我们就在两边焚烧的冥物、供品中穿行,它已不是基隆一个小城了,而是几个小时长长望不到边的祭拜,仿佛我们也成了被祭祀的孤魂野鬼。尽管一周以来大家已有所领教,但还是在渐深的夜色中被如此的情形震住了,有人一直想笑话沿途的槟榔西施来淡化此情此景。然而,大家还是感觉到阴气嗖嗖地往车上冲过来。

孔子说"敬鬼神而远之"。一时,车上,有任何同伴对鬼神有一丝失敬言行或有不吉利言论,都遭致群起而攻之,敬畏和恐惧积攒了一周的日子随风从马路两边的香火顺着空调车紧闭的门窗接榫处,一丝一阵穿心而过。

一车静默。

"今天是鬼圩呢。"有人冷不丁说了一句。

我朝墨绿的云海间望去,他们说鬼圩又称"绿圩",说鬼圩坐落在绿色的云海间,热闹非凡。圩上,众鬼云集,比富比穿比欢乐,由阴间子孙后代供给钱财,谁家供得多,送得早,其家鬼赶圩就更显荣耀,可提前参与欢乐。没有阳间供给鬼钱的"穷鬼",遭受冷落,不敢靠近闹区。尽管基隆人在为普度更多的无主阴灵而努力,然而,鬼圩上还是有冷暖之分。看来,鬼狐世界也是人世的,同样充满卑俗势利。我突然明白了,为什么"农民之家"的老人不关心中元节,为什么他们说没有彼岸了。

来自另外一个世界的意义对此世之人的作用更加严酷。我想,我们过去的世界实在缺失对此世来世的描述和追问了,此岸彼岸我们知道得太少,这才会导致我们此行产生的一冉恐惧。

其实,这些本来就是我们文明的一部分。

比如,就文学而言,神鬼世界、博物志怪的文学传统极为丰富,它神秘、奇妙、幽深、灵异,它们描摹人事,委曲生风;抒写鬼狐世界,虚实相映;极具想象力又富于象征主义。山鬼出没,触发屈原,写成骚赋;神仙幻化,启示李贺,吟成诗章。更不用说《庄子》、《山海经》、《搜神记》、《世说新语》、《博物志》、《拾遗记》、《酉阳杂俎》、《幽冥录》,还有《聊斋志异》等。这些书当是风雨敲窗时的最佳读物,正如此时此刻。当然,创作他们的先师并不知道什么主义、什么手法,他们就那样随意运用着、创作着,如此自由,如此自在,这不是文学,又能是什么?

然而，文学这一脉被我们丢失殆尽了，连同敬天法人的情怀，连同推己及人的仁爱，连同关于此岸、彼岸。

心灵感悟

喧闹而盛大的祭祀，不仅仅因为海峡的隔绝，也不仅仅因为人鬼的殊途，那是对不可知生命的真切关怀，是对孤寂苦难的真诚慰藉。然而，不可知的生命，不仅仅在另外一个世界，孤寂和苦难也不仅仅在幽冥之都。在我们的身边，和我们沐浴着一样阳光的人，没有我们的温暖；和我们吹拂着一样春风的人，没有我们的安宁。战争带走的，不仅仅是生命，战争留下的，也不仅仅是废墟。

没有经过战争的我们，随着岁月的流淌，不该带走的被带走了，那是对生命的敬畏和珍视，对苦难的关怀和仁爱。

生命在河流中涌动。冷漠的眼睛，是否还能看到"日暮乡关"和"烟波江上"的无奈？

秋天的怀念

双腿瘫痪后，我的脾气变得喜怒无常。望着望着天上北归的雁阵，我会突然把面前的玻璃砸碎；听着听着李谷一甜美的歌声，我会猛地把手边的东西摔向四周的墙壁。母亲就悄悄地躲出去，在我看不见的地方偷偷地听着我的动静。当一切恢复沉寂，她又悄悄地进来，眼边红红的，看着我。"听说北海的花儿都开了，我推着你去走走。"她总是这么说。母亲喜欢花，可自从我的腿瘫痪后，她侍弄的那些花都死了。"不，我不去！"我狠命地捶打这两条可恨的腿，喊着："我活着有什么劲儿！"母亲扑过来抓住我的手，忍住哭声说："咱娘儿俩在一块儿，好好儿活，好好儿活……"

可我却一直都不知道，她的病已经到了那步田地。后来妹妹告诉我，她常常肝疼得整宿整宿翻来覆去地睡不了觉。

那天我又独自坐在屋里，看着窗外的树叶"刷刷啦啦"地飘落。母亲进来了，挡在窗前："北海的菊花开了，我推着你去看看吧。"她憔悴的脸上现出央求般的神色。"什么时候？""你要是愿意，就明天？"她说。我的回答已经让她喜出望外了。"好吧，就明天。"我说。她高兴得一会儿坐下，一会儿站起："那就赶紧准备准备。""唉呀，烦不烦？几步路，有什么好准备的！"她也笑了，坐在我身边，絮絮叨叨地说着："看完菊花，咱们就去'仿膳'，你小时候最爱吃那儿的豌豆黄儿。还记得那回我带你去北海吗？你偏说那杨树花是毛毛虫，跑着，一脚踩扁一个……"她忽然不说了。对于"跑"和"踩"一类的字眼儿，她比我还敏感。她又悄悄地出去了。

她出去了，就再也没回来。

邻居们把她抬上车时，她还在大口大口地吐着鲜血。我没想到她已经病成那样。看着三轮车远去，也绝没有想到那竟是永远的诀别。

邻居的小伙子背着我去看她的时候，她正艰难地呼吸着，像她那一生艰难的生活。别人告诉我，她昏迷前的最后一句话是："我那个有病的儿子和我那个还未成年的女儿……"

又是秋天，妹妹推我去北海看了菊花。黄色的花淡雅，白色的花高洁，紫红色的花热烈而深沉，泼泼洒洒，秋风中正开得烂漫。我懂得母亲没有说完的话。妹妹也懂。我俩在一块儿，要好好儿活……

心灵感悟

当一个人同妨碍他生活的事物进行斗争时，生活便会比什么都更加充实，更有意义。在斗争中，苦闷无聊的时刻会不知不觉地飞驰而去。

不说再见

10岁那年，我突然面临要从我熟悉的家搬走的苦恼。我的整个生命是在那所又大又旧的房子度过的，和它一样短促，那里融合着四代人的欢笑和眼泪。

最后一天来到时，我跑到屋后，独自坐着，全身战栗，眼泪从心底涌出。突然，我感到一只手搭在我的肩上。一抬头，见是爷爷。"这不容易，是吗，比里？"他柔声说，坐在我旁边的台阶上。

"爷爷。"我透过眼泪回答，"我怎么能对你和我所有的朋友说再见呢？"

他凝视着苹果树林，缓缓地说："再见是一个令人悲伤的词汇，用在朋友身上似乎太决断，太冷漠了。说再见的方式很多，它们都有一个共同点：悲伤。"

我盯着他的脸。他轻轻地把我的手握在他手中。"跟我来吧，我的朋友。"他耳语道。

我们手拉着手走向前院他喜欢的地方，那儿，一株硕大的红色蔷薇孤独、显眼地耸立在那里。

"你在这里看见了什么呢，比里？"他问。

我看着蔷薇花，不知道说什么。然后回答："我看见温柔美丽的东西，爷爷。"

他跪下来，把我拉到他身边。"并不只是玫瑰才美丽，比里。是你心中那个特别的地方才使它们如此美丽。"

他的眼睛再次和我相遇。"比里，我是很久以前种下这些玫瑰的——当时还没有你母亲。我在第一个儿子出生那天把它们栽进土里。这是我对上帝表示感谢的方式。男孩的名字叫比里，和你的一样。我常看见他从母亲手上摘玫瑰花。"

我看见爷爷眼中闪着泪光。我以前从没见他哭过。他的声音变得沙哑了。

"一天，发生了一场可怕的战争。我儿子，像许多儿子一样，前去和一个大魔头作战。我和他一起去火车站……十个月后，来了一份电报。我儿子在意大利的某个小村牺牲了。而我在他有生之年说的最后一句话就是再见。"

爷爷慢慢地站起身。"不要说再见，比里。不要向这句悲伤、孤独的话屈服。我要你记住第一次和朋友打招呼时的欢乐和幸福。记住那声特别的问候，把它锁进你的心中——在你心中始终有夏天的那个地方。当你和你的朋友注定要分别时，我要你在内心深处寻找，找回那句第一声的问候。"

一年半后，爷爷患了重病。他在医院住了几个星期，回家后，他要人把他的床放在窗户旁边，他在那里能看见蔷薇。

随后，家人们被召了回来，我又回到那个老房子。长孙被允许向爷爷道别。

当轮到我时，我注意到他的神情是多么的疲惫。他紧闭双眼，呼吸缓慢而艰难。

我像他曾经握着我的手那样握住他的手。

"你好，爷爷。"我轻声说。他的眼睛慢慢地睁开了。

"你好，我的朋友。"他短促地笑了笑，眼睛再次闭上。我走了过去。

一位叔叔来告诉我爷爷去世时，我正站在他的蔷薇旁。我想起爷爷的话，在我心灵深处搜寻那些曾铸就我们友谊的特殊感情。突然，而且真切地，我明白了他不说再见的意思，那是拒绝向悲哀屈服啊。

心灵感悟

这篇作品感人至深。

文章的第一段就引出了"我"对"熟悉的家"的不舍之情，叙述了"熟悉的家"聚满了许许多多的欢笑和眼泪，从而体现了"我"对"熟悉的家"不忍再见。而在这里文章引出了爷爷说的话："再见是一个令人悲伤的词汇"，从这句话中可以看出"再见"这个悲伤的词汇给人带来多大的忧伤，而且蕴涵了不同的"离别"。离别有多样，有的离别，是为了他日的大团圆；而有的离别，却是永远的天各一方。

别说离别，这样可以认识到红色的蔷薇花实质与玫瑰一样美丽。为了支撑这个观点，文章让爷爷回忆起自己的儿子战死战场，"我儿子在意大利的某个小村牺牲了。而我在他有生之年说的最后一句话就是再见！"从这里，我们看到"再见"所蕴涵的冷漠，毫无藕断丝连的无情。

爷爷对"再见"的拒绝，表现了爷爷拒绝向悲哀屈服，同时也告诉了"我"：当朋友与"我"注定分别时，"我"要回想起那声"特别的问候"——你好，也许，这样的回答会使我们感到别样的温暖。

其实，离别并不可怕，放开情怀可从中体验离别一刹那一份特别的美丽。没有相离哪有重逢一刻的感动呢?!

66 朵洛丝玛丽

苏格兰女孩儿艾美自小父母双亡，与弟弟瑞查相依为命。艾美16岁那年，她在纽约的姑妈邀请姐弟俩去美国度假，但厄运也从此开始：瑞查到纽约的第三天就遭遇了一次意外的抢劫。

由于情报组的信息错误，特警营救小组的负责警官霍尔在行动中，忽略了另一间房里的匪首和瑞查，只解救出四名人质，导致无辜的男孩子瑞查命丧于顽抗的匪首枪下。

传媒都把矛头指向了霍尔。在一片责难声中，霍尔警官默默地帮艾美料理完瑞查的后事。艾美返回英国那天，霍尔特意买了11朵玫瑰放在了瑞查的灵柩上。那是一种叫做洛丝玛丽的水红色玫瑰，在苏格兰语里洛丝玛丽的意思是"死的怀念"。霍尔笨拙地跟艾美说了声"对不起"。

从此，每到瑞查的忌日，艾美都会收到十一朵寄自美国的洛丝玛丽。那是霍尔寄的，他还会在附言条上特别叮嘱艾美一定要将花放到瑞查的墓前。

一晃六年过去了，艾美又一次来到纽约看望姑妈。临走，她想起了内疚万分的霍尔警官。可当她来到警局，警局的人却告诉她：那次事件之后不久，霍尔就辞了职，没有了固定的工作，他开始酗酒，人也日渐消沉，最终妻子也离他而去……艾美听后，心中顿时生出一种寻找霍尔的冲动。

艾美花了近两个月的时间。才在特伦顿的一个小镇上找到了霍尔。他独自居住在镇上小教堂的后院里，阴暗的旧屋凌乱不堪，他半倒在破旧的沙发上醉得不省人事。艾美简直不敢相信这个肮脏的醉鬼竟会是当初那个英俊精干的年轻警官，短短六年中，他的变化居然如此之大。

艾美退出小院，不经意间，她发现院子里竟种满了洛丝玛丽。教堂的神甫告诉她，每年夏天，在这些玫瑰开放的季节，霍尔都会将花剪下来放在小镇墓地的墓碑前，好像那就是他的工作，也只有那个时候他才是清醒的。艾美的心又一次被深深震撼了，她意识到自己必须做点什么……

很快，夏天来了。艾美又来到了霍尔的小院子里，满院子的洛丝玛丽争相长出了漂亮的花蕾，艾美站在院子的篱笆外。正在院子里整理洛丝玛丽的霍尔，抬头意外地看见了艾美，当年16岁的少女已出落成一个亭亭玉立的大姑娘了。

"谢谢你这六年来送给瑞查的66朵洛丝马丽，它们真漂亮。"艾美大方地绕过篱笆，笑靥如花地迎向霍尔。

"对不起，要不是我的失误……"霍尔自责道。

艾美淡淡地打断了霍尔："事情可不是你想的那样。"说着，她拉着拘谨的霍尔向院子外面走去。

霍尔很快就被艾美拉到了教堂外的小广场，那里正在举行一个热闹的庭院聚餐会。艾美带霍尔走过去，兴致勃勃地为他介绍那些陌生客人："这是哈德森先生，他是纽约的一个唱片发行商，有两个儿子在念中学，太太正怀着第三个孩子；这是吉米，小伙子刚从大学毕业，已经在一家证券公司做了3个月的经纪人；还有，那位是菲斯太太，曾经是个小野猫似的姑娘，可自从嫁给一个波士顿的律师之后就安分地做起了家庭主妇；哦，还有那边跟女孩子们逗乐的鲁，他是个演员，下个月有出新戏要打进百老汇……"

"嘿，等等，等等，这与我有什么关系吗？"霍尔不解地扭头问艾美。

艾美眨眨眼答道："天啊！你不记得他们了吗？他们是当年你从匪徒枪口下救出的那四个人质呀。"

霍尔有些恍然，但他抑郁的神情并没有因为这个欢乐的场面而开朗起来。他低声道："可是瑞查不在这里，我不能推卸自己的那份责任。"

"是的，瑞查永远不会在这里了，但这不能成为一个人失去自信和消极生活的理由。"

艾美走过来，握着霍尔的手温和地说，"你看，不正是因为你当年果断的营救，他们才能活着，而且活得这么快乐，这么健康。如果对死者的怀念会给生者的心灵笼罩阴影的话，那么，那66朵洛丝玛丽将失去它们真正的价值。"

霍尔没有说话，他扫视着喧哗嬉笑的人群，慢慢地，两行热泪滚出他的眼眶。艾美长长地舒了口气，尽管身边的霍尔还穿着满是油渍的旧夹克，脸上也胡子拉碴的，但他的眼睛已经开始恢复神韵。忽然间，他想起了那些洛丝玛丽，六月的洛丝玛丽多美呀。

是啊，漂亮的洛丝玛丽，对死者最好的怀念就是笑对缤纷人生。

心灵感悟

如果对死者的怀念会给生者的心灵笼罩一层阴影的话，那么，那66朵洛丝玛丽将失去它们真正的价值。

我们这样近，我们这样远

阳光像梦一样，安静的落入我平凡琐碎的生活深处，在这个春天的下午。

我坐在阳台上，手里捧着一本梭罗的《瓦尔登湖》。多少年来，每次阅读它，我都会闻到那片树林的青涩气息，那面湖水波光淡然冷静，潮湿的新鲜的水汽。我感到一种非常遥远的愉快，可以在一本书里自由的跑步呼吸。

许多的事情，过去了就过去了，不可能重现。唯有音乐和文学，适合等待、遥望、冥想。

一直认为梭罗还活着，他活在一个地方，离我的住处遥远，离我的感觉很近的某个地方。对他文字的爱恋，就像我对生命的向往一样，永远不会消失。

阳光穿透玻璃的窗子，使我感觉温暖。手禁不住要伸出去握住什么。这个多么重要，在我表面生活的背后，意识到自己蕴藏着丰富的情感，而这些情感一直活在心里。

梭罗的文字，是干净安静的雪，可以清凉燥渴的灵魂。可以听见来自纯粹生命深处的自然歌吟——"曾有个牧羊人活在世上，他的思想有高山那样崇高，在那里他的羊群，每小时都给予他营养。"

那与我失之交臂的时光和旧梦，充满恍惚怅然的珍惜之感。

想到夏洛蒂·勃朗特、奥尔科特和奥思汀的时代，从古堡到庄园，马车的辖辘慢慢辗转，那些沐浴在舒适阳光里的蔓草丛生的小径，夏天开满了野蔷薇，秋天以山楂和黑莓著名，冬天最令人赏心悦目的是完全的寂静和无叶的安宁。

可以步履缓慢、从容。可以用一个上午的时间写一封并不长的信，用一个下午的时间眺望牧场上丝绒似的草坪和栅栏两侧的冬青。晚上坐在炉火旁怀揣着心事，躲避祖母探询的目光，阅读或编织。却努力等待着有马车夫忽然的脚步声，急匆匆撩开寒冷的夜色带来了温暖克制的爱情的回音。

我合上《瓦尔登湖》，从阳台尽力向远方眺望。这个春天的午后和以往没有什么不同，宽阔的街道依然人群如织，车水马龙。很多次我试着站在高处，超越自己有限的目力，尽力透过繁华而富有生命的城市，透视那些纷纭热闹的核心究竟是什么。

生存的紧迫和焦虑带来一张张匆忙麻木的面孔，不知道在那样面孔的身体里，除了对名利的疯狂追逐，是否还留有一点时间对珍贵东西的失落进行偶尔打捞。

是否还留有一点空间可以温情的抗拒或冲淡什么。

世界嘈杂多变。人们拥有广泛的人际关系，却缺乏深刻的情感交流。人们在虚拟的互联网上寻找知己，为或许根本不存在的爱情痛苦沉沦，而不在乎结局如何。人心越来越疲惫困顿，情感越来越冷酷灵活。

我对实际生活中过分热络的友情，对虚拟世界激情的可靠性一直保持平和的怀疑态度。

夜晚，当一切安静下来，我对自己说：写吧，无论写什么。文字是心灵的古典音乐，是柏油路上的清泉。为了不失去它，用自己的方式来等待和怀念。喜欢阅读的人，也可以从我的文字中看见一个人心里曾经想过的事，仅此而已。

写下什么获得什么都不重要，重要的是无声的语言带来巨大的思维空间，像从瓦尔登湖面吹来新鲜跃动的风，把我从电脑前端正的坐姿里分离出去，在另外的世界里自由飞跑。我看见那个叫做梭罗的人，无论风雨雷电，穿行于郁郁葱葱的大自然中。他十分安静的面对着那片湖水和那片山林。就一个人，十分简单。

手指一次次触摸熟悉的键盘，心里充溢着更新鲜更深刻的感动和疼痛。忽然的，想起海子的一首诗：

> 面朝大海，春暖花开
> 从明天起，做一个幸福的人
> 喂马，劈柴，周游世界
> 从明天起，关心粮食和蔬菜
> 我有一所房子
> 面朝大海，春暖花开

不是每个人都注定要相遇的，心灵与心灵的相遇是一件多么不容易的事。有时想着与着，会写出满眼的泪来。

我们在现中隔绝，在灵魂里相望，永远。

心灵感悟

荧屏闪烁的时代刺激着我们感观，可是我们依然怀念文字累积的世界带给我们的美妙遐想。我们的心中藏着"蒹葭苍苍，白露为霜"，我们的眼底藏着"美目盼兮，巧笑倩兮"，在美丽和感动越走越远的时代，我们在文字里得到永恒的慰藉。

似乎近了，人们的距离；又似乎远了，人们的心灵。

所以翻山越岭，所以一路追寻，让孤独的心温暖彼此。

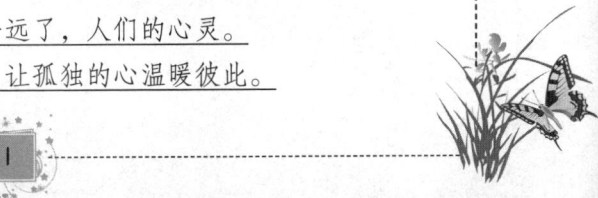

叫声哥哥

进西藏前,父亲将我打好的三大包行李拆开,很认真地重新收拾一遍,然后筋疲力尽地瘫在沙发上。我注意到,父亲没有去擦他那一脑门子的汗水,只是凝神地盯着我的行李,流露出对女儿的不尽担忧,那目光使我的心隐隐作痛。

为了缓和一下气氛,母亲开玩笑说:"养个女儿真麻烦,还是儿子爽快,说走第二天就自己打上背包走了,一点儿都不用我们操心。"

母亲说的是我哥哥。他比我早一年从军校毕业,早一年去了西藏,记得我哥哥临走的那天,我因在军校上课不能去送他。听母亲讲,哥哥只回家住了一夜,第二天将洗漱用具往军用挎包里一塞,就很干脆地走了。父母很满意,仿佛第一次从儿子身上看到自己当年参军离家时的影子。

不久,有信和照片从西藏来。照片是哥哥那批赴藏的四十名学员刚下飞机时照的。哥哥特意注明这个机场的地名:贡嘎。背景是那只送他们去实现美好理想的"银燕"。女学员以队列训练的正规姿势蹲成两排,男学员则很潇洒地将两条胳膊那么一抱。我的目光久久停留在我哥哥身上,觉得他是照片上所有人中最洒脱的一个,甚至我还认为其他男学员的那副姿势全是模仿他的。

这之后,我便每隔一星期收到他用漂亮的隶书写来的航空信。每一封信都是一篇抒情散文——一碧如洗的蓝天。还有豪放高歌的人……当然,更有照片为证,每一张照片都是一页精美的明信片,是完全可以上风景挂历的那种。但比这些更为精彩的还是我哥哥的单人照片。我拿着照片,看着这个与我从小依傍的人,突然间感到他原来正是我应该崇拜的偶像。这不仅仅是我个人的感觉,连我的一些同学也这么认为。她们传看他的照片,她们听我读他信中的某些段落,不说一声"你哥哥真是太棒了"我是绝不甘心收场的。当然我也很希望我哥哥能听到这句话,听到后红着脸露出他的那颗小虎牙。

其实,在哥哥去西藏之前我是并不崇拜我哥哥的,我也没有叫过他一声哥哥。

哥哥只比我大一岁零五个月，从小生得白嫩细腻，举止温文尔雅。他使用剪刀，一定会像女孩家那样翘起一根"兰花指"；他讲究整洁，任何人不敢随便搬弄他的东西。有一次我奶奶去保育院看他，在他床上坐了一会儿，临走时刚一起身他就急着整理床铺。然而，在我们这个家庭里的所有大人都不认为这些是缺点，反而加倍宠他。

最奇怪的是，很多人总认为我是他的姐姐。时常听见有如对我闷闷一棍地问话："你弟弟呢？"他当然也有如此相同的尴尬，所以，他是极想让我叫他"哥哥"的，然而，我偏不。

又过了一段，他念中学了。这下跟我拉开了"档次"。于是，他邀请一帮正在长喉结变嗓门的同学来家里做客。瞅个机会，他到我房间里，很狡黠地讲了他谋划已久的主意——要我当众叫他"哥哥"。我可能是点了头，就见他满意地立刻回客厅，加入到激烈"唧唧呱呱"当中。我出去给他们沏了茶，然后，对那个朝我频频暗示的粉色脸蛋发一声黑色的回应："高卿，你的茶！"

立时，他的脸蛋不粉了，变成紫色。

我看见他狼狈地接过茶杯，低下头，只顾着尽快将那紫色掩藏掉。从此，他再也不敢奢求我叫他哥哥。

没想到，此时我却特别想叫他哥哥。当我登上飞往西藏的飞机，第一个念头就是给自己下道死命令：见了哥哥一定要叫他一声哥哥，当着所有人的面叫，扑到他的怀里叫，歇斯底里地叫……

我想象着他在飞机舷梯下面迎接我，听我喊了"哥哥"以后，像西方人那样拥抱我，然后扛起了我的行李，领我朝早已停候在不远处的汽车雄赳赳地走去……

下了飞机，我所想象的这些情形真的看到了，但不是我的，全是别人的。我四处寻找，到底没有他的影子。我喉头一阵紧，鼻子酸酸的，差点儿就要"妹妹找哥泪花流"了……这不能怪他，他所在的连队驻在一个偏远的边境小镇——亚东，他来拉萨一趟很不容易。这是我后来才知道的。可能是怕父母担忧，过去他在信中对亚东的偏远只字不提。

我被分配在军区总医院。当天下午，跟哥哥一起进藏的一个女学员赶来看我。我急急地向她打听我的哥哥。

"你哥哥电话里说你要来，嘱我只要你一到就马上见你，他急得要死。"

"给你打电话？那他自己为啥不来？"

第四篇 ◆ 秋天的怀念

163

"你以为还是内地呀,这儿可是高原。亚东那地方离这儿远着呢。"我听后很泄劲地问她:"怎么我哥哥没有留在拉萨而去了亚东呢?"

哥哥的同学告诉我:"那完全是你哥哥自己要求去的,去了以后又主动申请守乃堆拉哨所。其实他去也是对的,目前我们这批学员只有两个人入党,他就是其中的一个,当然,我知道他去那儿不是为挣党票,好像多少跟个人感情有点儿关系……"

个人感情?我当时百思不得其解。

数月之后,哥哥捎信说,他就要来拉萨看我了。我在兴奋之极的过程中失手打碎了一个崭新的八磅暖水瓶。然后,我便全身心地投入到打扫和整理房间上。想想看,他是怎样的讲究又讲究。

这天傍晚时分,一辆扑满灰尘的吉普车出现在我窗下,不待车停稳,我已连蹦带跳地朝汽车飞奔而去。然而,来人却不是我哥哥,而是和我哥哥一个单位的战友,他替我哥哥送来了一筐亚东苹果,还有一封信。我拆开信,眼前映出了哥哥的字迹——

"太对不起妹妹了。前天要不是太激动,忍不住跑去跟战士们摆龙门阵,也许我们就见面了。这一摆就摆出了问题,事情是出在炊事班的李老兵身上。他当了三年的'伙头兵',忙着给大家做饭,一直没机会到西藏军区的大院里去看看。这是他退伍前最大的遗憾。军区大院我曾去过,还在那里洗过一次澡(在我们亚东边防,一般来说一年才能洗上一次)。为了不让李老兵把最大遗憾升级到终身遗憾,我斗争了一晚上,还是决定把吉普车上我的那个位置留给他……很想见你的哥哥。"

读完信,泪就忍不住流下来。捡起个苹果,猛地大咬一口,竟咬出像哥哥的脸庞——我分明看到他的眼神有欣慰的光芒流露。那么,你是什么时候开始学会遏制自己的要求而谋求他人幸福的呢?难道这就是你所要寻求的"个人感情"?也许你品尝到了人类之爱的甘味,便是这辽远宏大的神奇高原给予你的馈赠吧!

可惜我不能像母亲那样去体贴你,也不能像恋人那样去温存你,但我却可以感觉到相同血缘的那条脐带将我们紧紧相连,并通过脐带两端的无限延伸,向你致以"姐姐"似的嘘寒问暖……然而,当这"姐姐"的念头产生的时候,我却忍不住高喊了一声"哥哥——"但愿这声音能传达到那风雪高原,千里边关,并将"哥哥"这两个字镶嵌在你守卫的乃堆拉山头上……

青春励志

惜缘

——相遇是最美丽的奇迹

心灵感悟

从妹妹嘴里叫出的一声"哥哥",首先代表的是一种承认。承认哥哥已经是自己的楷模,也承认哥哥已经成为了一个顶天立地的男子汉。正是因为从小到大,哥哥在妹妹心目中的形象并不高大,所以一句"哥哥"才始终难以出口。但军营和艰苦的环境却让哥哥彻底地改变了,他身上已经具备了许多优秀的品质。也许正因为这样。多年来一直不肯叫声"哥哥"的妹妹,却在哥哥去西藏,自己也马上要去西藏时,突然想大声地叫一声"哥哥"吧!虽然直到文章结束,这句"哥哥"也始终没有叫出口,但妹妹对哥哥的那份感情和承认,却洋溢在字里行间里。即使没有见面,相信哥哥也能听到妹妹发自远方的呼唤吧!

丢钱的老人

格雷戈理是一个14岁的男孩儿,像大部分十几岁的男孩儿一样,他要么非常快乐,要么非常不快乐;他要么喋喋不休,要么根本不讲话;有一天他会把每一件事都做得很好,而另一天他会把每一件事都做得很糟。

格雷戈理总是不乐意待在家里,在外边没有人会烦扰他。一个星期六早晨,他告诉父母亲他想在早饭之前散一会儿步,他们给了他钱,让他去商店买牛奶,他离家几分钟以后就不记得他该买什么东西,但如果他不带该买的东西回家的话,父母又要责备他啦。

他在街上一面走着,一面想着该怎么办的时候,他看到了一个老头儿正站在角落里,老头儿看起来病得厉害,格雷戈理不假思索地向他走去。

"先生,您好吗?"他问道。

老头儿缓慢地回答道:"我需要一杯水,请你帮我好吗?"

"当然可以,"格雷戈理赶紧答道,"我很高兴帮助您,让我们到马路对面的餐馆里去,在那里您可以坐下来。"

格雷戈理帮助老头儿走进餐馆,他们在离门口不远的一张桌子前坐下,当侍者问他们想要什么的时候,老头儿说:"请给我杯水,我感觉不舒服。"

"您不想要什么吃的东西吗?"侍者问。

老人没有回答，格雷戈理问他："先生，您吃过早饭了吗？也许，您吃点儿东西以后会感觉好一些。"

"唉！说实话我还没有吃早饭，"老人说，"从昨天早上起我就没有吃任何东西，我没有钱。"

格雷戈理打断他的话说："现在请不要讲下去了，以后您可以告诉我全部情况。"

他转向侍者说："我的朋友想要一些橘子汁、麦片粥、涂了黄油的烤面包片，还有咖啡。"

格雷戈理问他："您还想要点儿别的什么？我家的早饭通常是这样。"

"喔，够了，你太好了，"老人回答，"但是我给你添了这么多麻烦，我只把水喝完就走，我肯定会很好的，你已给了我很大的帮助。"

格雷戈理说："先生，我很乐意这样做。"

"您想吃点儿什么？"侍者问格雷戈理。

"我什么也不要，"格雷戈理说，"我已吃过早饭。"格雷戈理本来也想吃，但是他的钱不够两个人吃，实际上他的钱还不够老头儿吃早饭，如果侍者问他要钱，他就要陷入困境。

侍者送来了食物，老人狼吞虎咽地吃着。"我现在感觉好些了，"他一边喝咖啡一边说，"我不会忘记你今天对我的帮助，你是一个很不寻常的年轻人，大部分像你这样年龄的人都忙得想不起帮助老年人。"

格雷戈理很高兴，这位老人把他看作年轻人，而不是一个孩子，他希望父母也这样看。

"我得告诉你我是怎样陷入困境的，"老人说，"我是在去探望我在加利福尼亚州的女儿的途中，昨天我丢了钱，我正在等我的女儿再邮寄一些钱给我。昨天我在火车站过的夜，没有吃任何东西，我不知道，如果没有你的帮助我会怎么样。"

这时，侍者向这边走来，格雷戈理不知道该怎么说，他不想让老人知道他没有足够的钱。侍者对老人说："都吃完了吗？"

"啊，每样食物都很好吃。"老人告诉他。

"您该知道，先生，今天是我们餐馆开业十周年。由于您是今天光临我们餐馆的第十位顾客，我们很高兴免费送给您这份早餐。"

"我也感到非常高兴，谢谢你，年轻人，"他对格雷戈理说，"我敢肯定我的钱正在邮局里等着我。"

"今天对我来说也很有意义。"当他和老人一起离开餐馆时,格雷戈理自言自语道。

格雷戈理告诉老人,他愿意陪他去邮局,但是老人说:"不用了,你的家人一定正在寻找你,我不愿意你的家人为你担心,你已经为我做得够多了。"

格雷戈理这一个小时以来全然忘记了自己和家人。他和老人道了别,尽可能快地朝家里赶去,他想起来该去店里买牛奶,但是来不及了。"我希望他们不是在等我,"他想,"如果我告诉他们我到哪里去了,不知道他们会说什么,但是没关系,我很高兴能帮助那位老人。"

当格雷戈理到家时,他的父亲正站在门门等他。

"你到哪儿去啦?"他母亲问,"我们把整个街坊都找遍了。"

格雷戈理向他的父母讲述了老人的故事,并且表示他对自己吃早饭迟到和没有去商店感到抱歉。

"没关系,格雷戈理,"父亲说,"你能帮助其他人,我们很高兴。"

格雷戈理很快乐。他终于使父母满意了,他希望他以后还能这样。

心灵感悟

在人生的旅途上,谁都有可能会遇到河流,碰上沼泽地。只要你肯借给人一只手,别人会还你一个肩膀。

小鸟,你飞向何方

在黄昏的微光里,有那清晨的鸟儿来到了我的沉默的鸟巢里。

我喜欢泰戈尔的诗。还在读中学的时候,泰戈尔就把我迷住了,一本薄薄的《飞鸟集》,竟被我纤嫩的手指翻得稀烂。好些充满着光彩和幻想的诗句,曾多少次拨动我少年的心弦……

《飞鸟集》破损了,我渴望再得到一本。然而,"文化大革命"一开始,这个小小的愿望,竟成了梦想。我的那本破烂的《飞鸟集》,也被人拿去投入街头烧书的熊熊烈火中,暗红色的灰烬在火光里飞舞,飘飘洒洒,纷纷扬扬。我仿佛看见老态龙钟的泰戈尔在火光里站着,烈火烧红了他的白发,烧红了他的银须,也烧红了他的朴素的白袍。他用他那冷峻而又安详

惜缘
——相遇是最美丽的奇迹

的目光注视着这一切，看着，看着，他的神色变了，似有几许惊恐，几许不安，也有几许愤怒，几许嘲讽……

我还是喜欢泰戈尔。在动乱的岁月里，我默默地背诵着他的诗，以求得几分心灵的安宁。"诗人的风，正出经海洋和森林，求它自己的歌声"。我陶醉在他所描绘的大自然中了——那宁静而又浮躁的海洋，那广袤而又多变的天空，那温暖而又清澈的湖泊，那葱郁而又古老的森林……

有一天，我忽然异想天开了：到旧书店去走走，看能不能找到几本好书。结果，当然叫人失望，但我发现，有时还会有几本"罪当火烧"的书出现在书架上，或许这是当初店员的粗心吧。于是，我抱着几分侥幸，三天两头往旧书店跑。一个星期天的早晨，我又走进冷冷清清的旧书店。我的目光，久久地在一排排大红的书脊中扫动，突然，我的眼睛发亮了：一条翠绿色的书脊，赫然跻身在一片红色之间，呵，竟是《飞鸟集》！

该不会有另一种《飞鸟集》吧？我不相信自己的眼睛，仔细一看，果真有泰戈尔的名字。随即，我又紧张了，是的，这年头，得而复失的太多了。挤夺着《飞鸟集》的一片绿色，又使我想起街头那一堆堆焚书的烈火，那漫天飞扬的纸灰……我赶紧向书架伸出手去。

几乎是同时，旁边也伸出一只手来，两只手，都紧紧地捏住了《飞鸟集》。这是一只瘦小白皙的手，一只小姑娘的手。我转过脸来，正迎上两道清亮的目光——一个中学生模样的小姑娘站在我身旁，抬起脸看着我，白圆的脸上，一双清秀的眼睛眨巴眨巴地闪动着，像一潭清澈见底的泉水，微波起伏，平静中略带点惊讶。

我愣住了，手捏着书脊，不知如何是好。还是她开了口："你也要它吗？那就给你吧。"声音清脆得像小鸟在唱歌。

我的脑海里忽然旋起个念头，在这样的时候，她还会喜欢泰戈尔？莫非，她根本不知道这是怎样一本书？于是，我轻轻问道"你知道，这是谁的书？"

"谁的书？"小姑娘抬起头来，颇有些惊奇地看着我，秀美的眼睛睁得滚圆，转而开心地笑起来，一边笑，一边做了个鬼脸："这是一个老爷爷的书，一个满脸白胡子的印度老爷爷。我喜欢他。"说罢，用手做着捋胡子的样子，又格格地笑了。如同平静的池塘里投进一颗石子，笑声，在静静的店堂里荡漾……

啊，还真是个熟悉泰戈尔的！我多么想和她谈谈泰戈尔，谈谈我所喜欢的那些作家，谈谈几乎已被人们遗忘了的世界啊！然而，这样的年头，这样的场合，这样的谈话肯定是不合时宜的，即使年轻，我还是懂得这一点。小姑娘见我呆呆地不吭声，刷的一下把《飞鸟集》从书架上抽下来，塞到我手中："给你吧，我家里还藏着一本呢！"没等我作出任何反应，她已经转身去了。我只看见她的背影：一件浅紫色的衬衫，上面开满了白色的小花；两根垂到腰间的长辫，随着她轻快的脚步摆动……

她走了，像一缕轻盈的风，像一阵清凉的雨，像一曲优美的歌……

夏天的飞鸟，飞到我窗前唱歌，又飞去了。

旧书店里的那次邂逅，留给我的印象竟是那么强烈。真的，生活中有些偶然发生的事情，有时会深深地刻进记忆中，永远也忘记不了。我不知道那个小姑娘的名字，甚至没有看仔细她的容貌，但是，她从此却常常地闯到我的记忆中来了。当我看着那些在街头吸烟、无聊、踯躅的青年，心头忧郁发问的时候，当我读着那些大吹"知识越多越反动"的奇文，两眼茫然迷离的时候，她，就会悄悄地站到我的面前，眨着一对明亮的眼睛，莞尔一笑，把一本《飞鸟集》塞到我手中，然后，是那唱歌一般悦耳的声音："这是一个老爷爷的书，给你吧，我家里还藏着一本呢！"……

她使我慌乱的思想得到一丝欣慰，她使我空虚的心灵得到几分充实。她使我相信：并不是所有的青年人都忘记了世界。抛弃了前人创造的文化，抛弃了那些属于全体人类的美的事物！

有时，我真想再见到这位小姑娘，可是，偌大个城市，哪里找得到她呢？有时，我却又怕见到她。因为，在这些岁月里，有多少纯真的青年人变了，变得世故，变得粗俗，就像炎夏久旱之后的秧苗，失去了水灵灵的翠绿，萎缩了，枯黄了。我怕再见到她以后，便会永远丢失那段美好的回忆。

一次，我在街上走着，迎面过来几个时髦的姑娘，飘拂潇洒的波浪长发，色调深艳的喇叭裤子，高跟鞋踏得笃笃作响，香脂味随着轻风飘漾。她们指手画脚大声谈笑着，毫无顾忌，似乎故意招摇过市，引得路人纷纷投去惊奇的目光，目光中不无鄙视。对那些衣着打扮，我倒并没有多少反感，只是她们的神态……

我忽然发现，这中间有一张似曾相识的脸——啊，难道是她？是那个在书店遇见的姑娘！真有点像呀！我的心不禁一阵抽搐。我迎上去，想打招呼，她却根本不认识我，连看都不看一眼，勾着女伴的颈脖，嬉笑着从我身边走过去。哦，不是她，但愿不是她！我默默地安慰着自己，呆立在路边，闭上了眼睛……

是的，这绝不会是她。然而，这件小事却给我心头重重一击。工作之

第四篇 ◆ 秋天的怀念

余，我又打开泰戈尔的诗集。泰戈尔，这位异国的诗人，毕竟离我们太遥远了，他怎么能回答我们这一代青年人的疑虑和苦恼呢！他的一些含着神秘色彩的诗句，竟使我增添许多莫名的忧愁和烦闷。"有些看不见的手指，如懒懒的微风似的，正在我的心上，奏着潺缓的乐声"。啊，"我知道我的忧伤会伸展开它的红玫瑰叶子，把心开向太阳！"

冬天的小鸟啁啾着，要飞向何方？

历尽了一场肃杀的寒冬，春天来了。经过冰雪的煎熬，经过风暴的洗礼，多少年青的心灵复苏了，他们告别了愚昧，告别了忧郁，告别了轻狂，向光明的未来迈开了脚步。就像泥土里的种子，悄悄地萌发出水灵灵的嫩芽，使劲顶出地面，在春风春雨里舒展开青翠的枝叶……

恍若梦境，我竟然考上了大学，去报到之前，我清理着我的小小的书库，找几年心爱的书随身带着。第一本，就想到了《飞鸟集》。啊，她在哪里呢？那个许多年前在书店里遇见的小姑娘！此刻，即使她站到我面前，我大概也不会认识她了，可是，我多么想知道，她在哪里……

人流，长长不断的人流，浩浩荡荡涌向校门。我随着报到的人群，慢慢地向前走着。不知怎的，我仿佛有一种预感——在这重进校门的队伍中，会遇见她。于是，我频频四顾，在人群中寻找着。

一次又一次，我似乎见到了她——她背着书包走过来了，脚步，已不似当年轻盈，却稳重了，坚定了；身上，还是那一件淡紫色的衬衫，上面开满了白色的小花；两根垂到腰间的长辫，轻轻地晃动着……

这不过是幻觉而已，我找不到她。在这支源源不绝的人流里，有那么多的小伙，那么多的姑娘，哪有这样巧的事情呢。可是，我的心头还是涌起了几分惆怅，眼前，仿佛又掠过几年前在街头见到的那一幕……

有人撞到我的脚跟上，我一下子从沉思中惊醒。身边，是笑声，是歌声，是脚步声。我不禁哑然失笑，脑海中，突然跳出几行不知是谁写的诗句来。

你呀，你呀，何必那么傻，
经过一场风寒，就以为万物肃杀……
闻一闻风儿中春的芳馨呢，
生活，总要向美好转化！

我抬起头来，幽蓝的天空，辽远而又纯净——这是春天的晴空啊！一

群又一群鸟儿从远方来了，它们欢叫着，抖动着翅膀，划过透明的青天，飞啊，飞啊，飞……

心灵感悟

<u>阴霾的天空下，唯有希望能指引我们前行，风起的日子里，唯有坚持能支撑我们的身躯。不管这个世界怎么被颠覆，不管美好怎么被戕害，天空永远不会忘记晴朗和灿烂，美好从来不曾从我们心中消失，就如同我们从来不会丢失童年的记忆和春天的气息，希望和坚持会吹散所有的阴霾和风雨。</u>

睡在我下铺的兄弟

这是一个令我难以启齿的故事，故事里有一个令人难以忘怀的人。

小时候，我有尿床的毛病。为此，没少挨父母的打骂，有时甚至被罚站在屋中央熬过隆冬的漫漫长夜。苦恼而又羞愧的是，这毛病一直持续到我读高中的那一年。

1979年的秋天，我考上县一中。入学时，同村先一年进校的伙伴为我占了一张靠窗的上铺。当时，对一个山里孩子来说，县城里好奇又新鲜的东西很多，就连学校早上下双层床铺都觉得有趣。睡起来特别香，自己尿床的毛病早已置之脑后。

记得第一个学期冬天的一个晚上，大气十分寒冷，北风呜呜地吹打着窗户。午夜时分，梦中的我，径直走入厕所放肆地排泄起来，不待尿完，便猛地惊醒了，伸手一摸，我的天！床铺湿了一大片，仔细倾听，尿液还一滴滴往下铺滴。睡下铺的尹成同学却毫无感觉。黑暗中，我羞愧难当，想到第二天早上被同学们知道当做新闻传播时的情景，我心里又急又恨，真想这个耻辱的夜晚永远不再迎来黎明。

辗转反侧、焦虑不安中，曙光还是来临了。学校起床的铃声骤然响起，沉寂的寝室一下子变得热闹起来。"哎哟！"下铺的尹成同学一声惊叫。"怎么啦！"几位邻床同学不禁问道。此时，我惭愧极了，将头深深埋进被窝里，心里暗暗叫苦："完了。等着两个班几十位同学的耻笑和奚落吧！"

然而，事情却出乎意料。只听尹成同学回答："没什么，老鼠将我的袜子叼到床底下去了。"几句笑话过后，同学们便各自忙着穿衣、洗漱、整理床铺去了。

此时，我如释重负，心里对尹成的感激无以名状，但我仍然不好意思起床。直到早操铃声再次响起，尹成问我："还不起床？要做操了。"我用被子蒙着头瓮声瓮气地回答："不舒服。"

待寝室的同学都出去以后，我趁机探头朝下铺一望，只见尹成的被单早已拆下泡在桶子里。就在我犹犹豫豫坐起来准备起床时，同学们已下了早操，我只得赶紧又躺下。这时，只见班主任和尹成从门口走了进来。

糟了，难道说尹成向班主任汇报啦？好吧，干脆闭上眼等着难堪吧！

"阿湘，好点儿了吗？"班主任伸手摸着我的额头温和地问。我一阵惊异，只得"嗯嗯"地点点头。接着，班主任又对尹成说："等会儿你陪阿湘到校医务室看看，有什么情况报告我。"此时，不知为什么，我的鼻腔一酸，眼泪不争气地涌出来，是羞愧，是难过，也是感激。

事后我才得知，做早操时班主任清点人数，是尹成为我请了假，说我生病了。肖东同学也在一旁证实了。

从那天起，我和尹成调换了床位。说来也怪，此后，尿床的事再也没有发生过。而且，我和尹成同学成了非常好的朋友。高中三年我们没有闹过任何别扭。我尿床的丑事也没有第三人知道。我在同学们面前始终以一个健康、优秀的面貌出现，保持了做人的自尊和自信。

转眼十多年过去了，我早已和尹成同学失去了联系。然而每当想起那件尴尬的往事，一股温暖和感动之情便油然而生。我真想再次见到这位善良宽厚的同学，尽管说声谢谢已经显得有些多余，但我知道，今生今世我会把这份情谊深深地藏在心中……

心灵感悟

我并不愿意这样的调侃：一泡尿浇开了友谊之花。但事实上，正是这样难堪的事让友谊变得充满了纵深的意义。尹成是个胸有城府的人，同是高中新生，面临突从"天"而降的液体，他并没有大惊小怪，你会相信，他的确在黑暗的下铺作了一个快速的判断和反应：这是尿，但不能说，要为上铺的兄弟守住一个秘密。于是，他说了谎话，这个谎言铸就了一个台阶，让上铺的兄弟从尴尬中"下"来，从生理的阴影中迎来心理上的灿烂阳光，而帮助"我"请假，默默地换了床铺这一系列的举动，更是如春风化雨，润物细无声地为不同寻常的友谊铺就了一条大道，这些举动不仅赢得了友谊，更重要的是，根除了"我"长期积垢下的生理毛病，这是多么神奇的友谊啊！是的，你施与别人一朵花朵，也许就等于给他制造了一个春天，友情因真诚而熠熠生辉。

毕业的礼物

四年寒窗，眼看就要分别，不少人都在准备毕业的礼物送给同学。我发现只有林志默默地坐在一边。我知道他来自边远的山区，家里穷，没有钱买礼物送同学。

看到他这样，我们就停止了谈礼物的事。他见我们沉默了，就笑笑，说："我也要给大家一份礼的。"我们劝他："没必要啊，有这份心意就行了。"他说："我是真心的。"

林志和我是一个寝室的。四年来，我们朝夕相处。因此，他的情况我比较清楚。每次开学的时候，他都会从家里带来两罐腌萝卜、腌咸菜来，不为别的，就为下饭。每天吃饭时，他只打饭，然后就回寝室吃他的腌咸菜。尽管如此，他还是节省着吃，尽量让腌咸菜吃得久一点儿。可再怎么节省也吃不了一学期呀。看到他学期末吃白饭的时候，同学们都会自觉地资助一点饭菜票给他，我呢，因住在市内，时不时地会从家里带点鱼呀肉呀什么的，让他开开荤。星期天，我们住市内的同学，也会轮流邀他到家里玩儿，其实也有让他改善伙食的意思。

冬天的时候，他穿着单薄，同学们会把自己家里的衣服送给他，虽然都是旧的，可大家知道，林志需要。可以说，四年来，班里35名同学，就有34名帮助过他。虽然家境贫寒，可林志学习很用功，在我们打牌、聊天、听音乐会或者谈恋爱的时间里，他不是在教室就是在图书馆。而且，他还会把自己点点滴滴的感受写成文字，寄到报社发表。他用得到的稿费来交学费或买书，我们也曾戏言过要他请客，但我们一次也没真要他请过。我们知道，每一笔稿费对他来说都很重要。

青春励志

惜缘——相遇是最美丽的奇迹

毕业典礼就在我们的教室里举行，同学们互写赠言、互送礼物。四年里，虽然也有恩怨，也有辛酸，可想到马上就要天各一方，再也没有这样相聚一起的时光了，心头都不免有些酸楚。

这时候，我发现林志不见了。林志呢？正当我们要寻找他时，他却抱着一摞笔记本进来了。怎么这么俗呀？都毕业了，还给大家送笔记本？他没理会大家，往每人手里塞了一本。然后，走上讲台，打开笔记本并举着说："这是我四年来发表的作品，我精选了35篇出来，我发现，每个同学都给过我帮助，每个同学的关怀我都用笔记录了下来。我把它们复印并贴成了35个笔记本。大家给我的帮助我无以为报，但这些真挚的情感会一辈子留在我心里！"他深深地鞠躬，久久没抬起头来。等他抬起头时，我发现他已热泪盈眶。

静，静得可以听到心跳的声音。我们都被感动了。我们当初的付出真的是微不足道，但我知道，因为有了这个特殊的礼物，我们之间的友情，变得更加珍贵了。

心灵感悟

在我大学毕业纪念册里，一位同学这样写道："当你寒冷的时候，我如果送不起你一件皮大衣，那我一定会送你一根鹅毛。那么，请你不要嘲笑我，请把这根鹅毛放在你心脏的地方，保证不会让你冻死。"

过了好长时间，我才注意到这句话的分量。其实，我早视这位动了感情的同学为知己。直到现在，每当我捧读这句赠言时我都突感暖意袭来。

由此，我也想到，在人的一生中，有许多人送过礼物与你，有的贵重，有些微薄，有的奇怪，有些平常。但是，这些礼物中总会让你在不经意间怦然心动。恰如林志的那本剪贴本，在若干年后他一定仍会如当年一般感染人心。因为，这份礼物是感恩的载体，它诉说的是青春岁月的友谊故事，并且，那样的故事只有一次，不可复制。

碗里的秘密

高中住校，吃饭都是在教室门口的走廊里，八个人一桌，男女搭配，轮流值日，值日的人不光负责洗碗，也负责将饭和菜分到各自的饭盆里。

宇的家庭条件很好，父亲是乡党委书记，在农村，应该是个不小的官了。宇的吊儿郎当很出名，经常逃学和一帮小痞子和野丫头厮混，对宇，我是打心眼里不屑的。

　　轮到宇的小组打扫卫生时，宇从来不动手，只是在打扫完毕后请其他人吃饭，其他人便也乐于效劳。奇怪的是，宇却十分热衷于饭桌上的值日，不光该自己值日时一丝不苟，还经常强行帮别人值日，以至于八个人一轮下来，他要值日四五天还不过瘾。别人好奇地问他，他就开玩笑说，小孩子不要多问。

　　我和宇在一个饭桌吃饭，我是一心要考大学的，因此对别的事很少关注。对于宇抢着值日的举动更无心打听，只是觉得这样一个花花公子式的人物有这个癖好，有些好玩罢了。

　　有一天正在吃午饭，忽然发现饭底下有一个鸡蛋，我奇怪，正要问别人有没有时，一抬头看到宇，正从碗边沿紧张地盯着我，见我看他，微微点了下头。我似乎明白了，鸡蛋是宇藏进去的，却又不敢肯定，宇干吗要给我鸡蛋呢？同学一年，我和他说的话都不超过十句。那时候，鸡蛋对我来说可是珍品，家里的鸡蛋都拿去卖了交伙食费。顾不得多想，我美美地悄悄地把鸡蛋消灭了。

　　再后来，我注意到，别人值日。总是先分饭，再分菜；而宇总是先分菜，再分饭，将菜藏在米饭底下；而且，只要是宇值日，我的碗里就没有肥肉，而宇的碗里几乎没有瘦肉；又或者，我的碗里米饭底下会藏着一点儿惊喜，比如牛肉、排骨。我终不明白，在家里饭来张口的宇为什么那么热衷于值日了。

　　碗里的秘密一直小心翼翼持续到高考，我和宇依然没有什么话，只是在学习的间隙我们会悄悄地对视一会儿，我一直没有对宇说谢谢，这不是他要的。我想，我只有考上大学，才对得起父母，对得起自己，对得起碗里的秘密。

　　我最终考上了一所本科院校，而宇，也出乎所有人意料考上了一所大专院校。只有我知道碗里的秘密，不仅是我的动力，也是他的动力。

　　十多年过去了，虽然我和宇没有能走到一起，但碗里的秘密和那段青春岁月一起藏在我的记忆里。

心灵感悟

也许，我们妄加猜测宇的行为有些过分，但是，每个读者可能都会有自己的疑惑，宇为什么这么做？他和"我"一个学期连十句话都没说过，他的父亲是乡党委书记，"我"是注定要考大学的。但是，作者没有点破，宇很紧张我的反应，但是"我"也没有点破。两个人，一个秘密，就这么维持了三年。即使两个人有时会默默注视一会儿，但是两个人还是没有走到一起，成为我们期待中的好朋友，也许，两个人的距离就是那个秘密的距离，一旦靠近，一切都会破坏得无法收拾。

也许，这就是青春里的一些秘密的秘密吧，不挑破它，不打开它，一切都随着时光流逝，埋在记忆里，埋在岁月里了。而守着秘密的两个人，悄悄地回忆，就足够了。所幸一直吊儿郎当的宇也考上了一所学校，秘密的一角就隐约可见，那么，我们也秘而不宣一次，让它悄悄埋在我们的阅读记忆里，温暖我们的阅读感觉。

友好的陌生人

阳光无情地照耀着大地。特里渴得要死，便决定到街口拐角处的小咖啡馆去买杯可口可乐。当特里走进咖啡馆时，他看到一个男人正独自坐在柜台旁边。他并不认识这个人，这时，或许这个人看出了特里的心思，首先同特里搭话。

他问特里："外边真热吧？"

特里回答："是啊。这是这么多年来最热的一个夏天。我想等再长大些，就搬到一个比较凉快的地方去。"

"是呀，"他说，"要知道，有时我真想重新度过我的一生。那样我肯定当会以一种不同的方式来生活。"

侍者端来饮料，特里狠狠地喝了一大口，拿不准是否再接着聊下去。最后还是受好奇心的驱使，特里问："你这是指的什么呢？"

"多数人都有他们要关心的人，也有他们遇到问题时可以求助的人。而我自己却从来不相信任何人。到头来，得到的报应是孤身一人。过去每当我碰到困难时，我总是借酒浇愁，从不依靠我的家人。然而，酒并不能解决我的问题，反而带来更多的麻烦。我的家庭破裂了。由于所有的麻烦都是我一手造成的，我只好独自离开。我有二十多年没见过家里人了。"他悔恨地叙述着。

特里坐着听这位陌生人讲述，其实，当他把心事掏给特里以后，真不该再称他为陌生人了。他跟特里提起当他懂得这个道理时已经为时太晚了。特里问他这个道理是什么。

他答道："那就是对人的热爱。它会比世界上任何东西带给你更多的幸福。永远不要忘记这一点。不要浪费你的生命而去追求物质财富，因为如果你没有与任何人去同享这种财富。那它又有什么用呢？"

特里喝完可口可乐把钱付给侍者，一边等着找钱，一边最后深情地望着这位新交的朋友。

侍者把要找的钱给了特里。他站起身来转向门口，随后又回头对这位男人说："谢谢你！"

这是特里唯一所能说的话。

"再见，祝你幸福，记住我告诉你的话。"

特里向门口走去，心里感到就像刚刚跟老朋友畅谈过，可是却连他的名字都不知道。

有时，人们会从一位毫不相识的人那里学到很多东西。那天特里喝的可口可乐非常解渴，它还带给特里这个12岁的孩子终生难忘的机遇：同一位陌生人的交谈。他的言语和劝告，将使他永远铭记在心。

心灵感悟

对人的热爱会比世界上任何东西带给你更多的幸福。

云襟胸怀

"我从来就不恨北方佬，最可恨也最让人诅咒的就是那场战争……"

我的姨妈贝蒂一讲起她的故事，总是用这句话开头。她的故事，在我还是个小孩时就听过了许多遍。

惜缘
——相遇是最美丽的奇迹

贝蒂姨妈住在弗吉尼亚州贝列维尔的一所旧房子里，每逢我们去看望她时，她都要讲她的这个故事。那时，尽管贝蒂姨妈快80岁了，但我可以想象到故事里她的音貌——刚刚20岁，长着一双亮晶晶的蓝眼睛，非常漂亮。

贝蒂姨妈完全有理由憎恨内战——南北战争，她的兄弟中有一位在葛底斯堡战场上战死，另一位当了俘虏。随后，她年轻的丈夫詹姆斯——南部邦联的一名军官——也被俘虏，关到了某地的一所不为人知的战俘营里。

9月下旬一个热天，贝蒂家从前的奴隶迪克·朗纳来到贝蒂家，告诉她一件奇怪的事。他在查看离范·米特家半英里处的一家农舍时，原以为那是一所空房子，但他却听到屋里有人的低声呻吟声。他随着呻吟声来到阁楼上，发现那里有一名受伤的联邦政府士兵，在他的身边还放着一支步枪。

贝蒂姨妈跟我讲起她第一次看到那个身穿污泥斑斑的蓝军服、长着胡子的人时，她总是说："我简直就像是步入了一场噩梦之中：令人作呕的可怕的绷带，吓人的血腥气味。孩子，那就是战争的真实写照：没有军号，没有战旗，只有痛苦和污秽，无可救药与死亡。"

在贝蒂看来，这个伤兵不是敌人，而是一个受苦受难和需要帮助的同胞。她喂他水喝，并设法洗干净了他那可怕的伤口。然后，她走出农舍，到外面去呼吸一点儿清凉的空气。她倚在房子的旁边，想到自己看到伤兵那只血肉模糊的左手和断裂的右腿时，竭力抑制因惨不忍睹的场面所涌上喉咙的阵阵恶心。

贝蒂在阁楼上发现伤兵的证件，她从这些证件中得知，他是弗蒙特州第十一志愿兵D连的中尉亨利·比德尔，现年30岁。她很清楚应该把这位联邦政府军官的情况向南方邦联的军队报告。但是，她也明白自己不会那么做。她是这样向我解释的："我一直在想，他是不是在什么地方有一位妻子等着他，盼着他，可又毫无音信——就像我这样。对我来说，唯一重要的也是要做的事情，就是让她的丈夫重新回到她的身边。"

由于贝蒂的精心护理和照料，重新点燃了亨利·比德尔身上奄奄一息的生命火花。要说药品，她几乎一无所有，而且她又不愿从南方邦联医院里少得可怜的医药用品中去拿，但她还是尽其所有做了最大的努力。

当比德尔的体力有所恢复时，他给贝蒂讲起他在弗蒙特州伟斯·菲尔德的妻子和儿女。当贝蒂讲起她的两个兄弟和丈夫詹姆斯的情况时，比德尔也仔细地倾听着，贝蒂姨妈总是给我说："我知道他的妻子一定在为他祈祷，就像我为詹姆斯祈祷一样。真奇怪，我觉得我和他妻子之间的感情是那么接近。"

在山谷地带，10月的夜晚变得越来越冷。骤降的气温加剧了比德尔伤口的感染，在一个黑夜里，贝蒂果断地将比德尔搬到她自家暖烘烘的厨房上面的一个秘密阁楼上。

但在第二天，比德尔发起高烧来，贝蒂明白她必须求人帮助，否则他就会死去，所以她就去找她的私人医生、多年的朋友——格雷厄姆·奥斯本。

奥斯本医生仔细地为比德尔做了检查，然后摇摇头说："几乎没什么希望了，除非能弄得到合适的药品。"

"那好，"贝蒂说，"我到哈珀斯渡口的北方军队那儿去弄。"

医生惊讶地看着她说："你简直是疯了！联邦政府军的司令部在20英里之外。即使你去了，他们也绝不会相信你的话。"

"我要带上证据，"贝蒂说着，从阁楼上取下一份血迹斑斑的、上面盖有战时统帅部官方大印的证件，"这是他最后一次晋升的记录，我让他们看看这个，他们就一定会相信的。"

她叫医生列出了所需药品的清单。第二天清早，她就揣着清单起程赶路了。

她赶着马车走了5个小时，马要休息时她才停下来。当她终于赶到哈珀斯渡口并找到联邦军司令官时，太阳都快落山了。

约翰·D·史蒂文生将军听了她的叙述，仍不相信她的话。他说："我们已经接到比德尔阵亡的消息。"

"他还活着，"贝蒂坚持说，"但是如果他得不到清单上的这些药品，他就活不了多久了。"

"好吧，"将军最后说，"我不想为了搞清这件事，而拿一个巡逻队的生命去冒险。"他转向一个下级军官说，"你负责让范·米特太太得到这些药品。"他并不怎么理会贝蒂的感谢，却说道："不管你讲的是真是假，你都是一位勇敢的女性。"

有了贝蒂带回贝利维尔的药品，奥斯本医生将比德尔从垂危中拯救出来。10天以后，比德尔就能挂着贝蒂为他制作的拐杖一瘸一拐地走路了。

"我不能再这样连累你了，"比德尔对贝蒂说，"我现在的身体状况已经够棒了，可以走了。我想尽早回去。"

于是他们做了安排。由贝蒂的邻居和朋友萨姆先生用他的运货马车送比德尔回驻守在哈珀斯渡口的联邦政府军司令部。

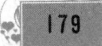

他们将贝蒂的马和萨姆先生的骡一起套上车。比德尔躺在一个装满干草的旧木箱里,他的步枪和拐杖就在身边。

那是一个迟缓和漫长的旅程,差一点儿功败垂成。在离联邦政府军防线仅有一小时的路程时,突然出现了两个骑马的人。一个人举着手枪,开口逼着要钱;另一个把萨姆先生从车上拉下来。贝蒂吓呆了,坐着一动也不敢动。就在这时,一声枪响,举手枪的歹徒应声倒地,一命呜呼;又一声枪响,另一个歹徒也倒地身亡。

是比德尔开的枪!贝蒂看着他放下步枪,掸掸头发里的干草。

"上车吧,萨姆先生,"他说道:"我们继续赶路吧!"

在哈珀斯渡口,联邦士兵们惊奇地盯着这位老农和这位年轻的女子看。当缺了一条腿的比德尔从装着干草的木箱里站起来时,他们更是惊愕不已了。

比德尔被送往华盛顿。在那里,他把自己的经历向战时陆军部长埃德温·M·斯坦顿作了汇报。斯坦顿给贝蒂写了一封感谢信,并签署了一项命令,要求把詹姆斯·范·米特从战俘营中释放出来。但首先必须找到詹姆斯。经过安排,由比德尔陪同贝蒂,查找贝蒂的丈夫。

有关文件记载,有个叫做詹姆斯·范·米特的曾经被送到俄亥俄州的一个战俘营。可是,当那些衣衫褴褛的俘房们被带到贝蒂面前时,詹姆斯却不在其中。接着又查了几个战俘营,结果也是一无所获。贝蒂担心自己的丈夫已经阵亡了,但她还是拼命地控制住这种令人战栗不已的恐惧感。

后来,在特拉华堡,在靠近一排战俘的末尾处,一个高个子的士兵从队伍中走出来,蹒跚着扑向贝蒂的怀里。贝蒂拥抱着他,泪流满面。

亨利·比德尔拄着拐杖站在一旁,此时,只见他正悄然垂泪……

心灵感悟

在我国古代的经典著作《孟子》中有句名言:"老吾老以及人之老,幼吾幼以及人之幼。"大意是说,因为尊重自己的长辈,因此想到了尊重别人的长辈,因为对自己的孩子充满了关爱,所以连带着对别人的孩子也充满了怜惜之情。讲的就是推己及人的一种博爱精神。在此篇文章中,在这份大爱的感召下,女主人公忘却了敌我双方的厮杀,忘却了南北战争的硝烟和战火,勇敢无私地肩负起了照顾敌方伤员的责任,并且最终挽救了他的生命。也许正是对她这份爱心的回报吧，她最终找到了自己的丈夫。当我读到贝蒂和詹姆斯紧紧地拥抱在一起时，我相信，爱无所不能，它甚至能够轻而易举地穿越硝烟和战火，成为战争中一道亮丽的风景。

爷爷，我欠您一个拥抱

一直以为爷爷不会在我的生命中显示出任何的不平常。甚至因为他住在乡下，所以每每和同学谈起家世时，我便绕过那个贫穷的地方，绕过这位苍老瘦弱的老人。每当过年过节被迫跟父母一起去探望爷爷，我都不愿意挨着他吃饭，我讨厌爷爷身上那股似乎已进入血液的牛粪味儿。他常常看着我，那么专注地看着我——从他的眼中，我感到一种强烈的想抱抱我的渴望。但是，我躲开了。

从我有记忆起，我就是这样躲着爷爷。生怕他跟我有一丝关联，生怕他的拥抱会成为我一生抹不去的羞耻。

我上初一那年，爸妈双双下岗了。爸成了一名人力车夫，妈则在批发市场里替人看管衣服摊儿。他俩每月收入加起来虽有五六百元，可光是给患有严重糖尿病的姥爷看病就要用去大半。等我中考时，家里的经济状况已是捉襟见肘。

那是一个阴雨的日子，我们围着桌上的高中录取通知书发着呆，通知书上那一组标明学费的阿拉伯字码像符咒一样让爸妈和我的头都大了。除了去借，显然已别无他路——一向好面子的爸爸为了我终于下定了这个决心，他刚站起身，就听到了敲门声。

门开了，我看见被雨淋湿的爷爷，雨水顺着他的花白头发淌下来，一件我在初二时穿过的旧衣紧紧地裹在他的身上，显得异常滑稽，也让他显得更加瘦小了。进了屋，他看着我，笑眯眯的，表情里有一种表达不尽的喜爱。但是我用一贯的淡漠打了声招呼便向里屋走，这时爷爷语气愉快地叫住了我："孙儿，看爷爷给你送啥来了，你考上了高中，是咱老张家的光荣啊！"我回过头，只见爷爷从怀里掏出一个小塑料包，打开——那是一叠钱。我愣了，爸也愣了。爷爷笑呵呵地说："还愣着干啥？快接钱哪！1800

青春励志

惜缘
——相遇是最美丽的奇迹

元,没想到我那头小牛还真值两个钱!"听爸说,为了帮老叔盖房,一年前爷爷卖掉了几头牛,只留了一头小牛,心肝宝贝一样养着。但为了让我上高中,爷爷把他的宝贝卖了。

以后在我念高中的三年里,爷爷总在我需要钱的时候来到我家。我不知道没了牛,爷爷靠什么供我读书。每次问他,他都说:"爷爷呀,有个挣钱的好门路呢!"然后就像藏着个大秘密似的冲我扮一个鬼脸儿。扮鬼脸儿时,他脸上那粗糙松懈的皮肤就拧成一团,清鼻涕淌到唇沟里——那样子不但不好笑,而且是相当的可怖。已长大懂事的我,也只好忍受着他这副奇怪的模样。

一个月前,我跟爸一起回老家探望病重的三奶。在小站下车时已是黄昏,我们从蜿蜒的土路走向小村,一望无际的大草甸子因为天旱而绿意惨淡。也就是在这一望间,我看见了爷爷,正奋力地拢着三十多头牛。瘦小的他,挥着长鞭,奔跑着、吆喝着,而那群牛根本就不听他的摆弄——显然它们很不满意这里的草是那么少,它们自顾自地去寻找草地,全然不理爷爷一次又一次的险些跌倒。

我和爸都为眼前这一幕深深地震惊了!

我忙跑上前,也不管自己根本没有拢牛的经验,只是帮爷爷从四面围圈着那一头头倔犟的牛。等我们累得上气不接下气时,牛群终于安静下来。再看爷爷,他坐在滩地上,大大地张着嘴,费力地喘着气,脸涨得通红,鼻尖上划破的地方渗着血,衣服上满是草浆和泥土。他喘着,喘着,好半天,才缓过神儿来。

爸问:"咋整了这么多牛?"爷爷笑了:"都是咱们村儿的。现在放牛不好放了,都嫌费劲儿,我就张罗着拢到一块儿,我放,一头牛一天五毛钱,这三十多头,就是15块呢,我孙子上学不就足够用了吗!"

黄昏的微光照在他那张如抹布一样皱的脸上,照着他的得意,复杂的味道从他的身上散发出来,扑进我的鼻孔。我下意识地用手去揽他窄小的肩,爷爷却连忙躲开:"埋汰,我身上埋汰!"说着,就去赶牛,回头对爸说:"快去看你三婶儿吧,我还要等一会儿。草少,牛吃饱得到半夜呢。"暮色渐深了,听着爷爷那声嘶力竭的吆喝声,看着他深一脚浅一脚奔跑着的背影,我鼻子一酸,眼泪涌了出来。

一头牛,放到半夜,收入5毛钱。我的爷爷就这样5毛5毛的、一点一滴的,积攒起孙子光明的未来呀!

182

回想起那一幕，现在的我仍眼含热泪。

我知道，此刻，爷爷正坐在那片滩地上，一边大口大口地喘着气，一边用他的方式祈祷着我能高考成功。而我又多么想告诉爷爷，孙子终于明白了您是我生命里的奇迹。我欠您一个拥抱，当我奔向您的时候，请敞开您干瘪却无比温暖的胸脯，让我深深地闻一闻您身上的味道吧，爷爷！

心灵感悟

俗话说隔辈亲隔辈亲，可是"我"不是这样，"我"羞愧于爷爷穿着我初二时的衣服瘦小而滑稽，"我"讨厌爷爷身上似乎渗透到血液里的牛粪味儿，所以，"我"连拥抱都不让自己的爷爷得到。但是爷爷爱孙子是毫无芥蒂的，为了孙子念高中，爷爷可以卖掉宝贝似的小牛；爷爷愿意冒雨赶路送钱；爷爷甚至愿意为全村人放牛，每天从早到半夜，哪怕放一头牛只赚5毛钱，爷爷辛苦一天，孙子就可以安心念一天的书；爷爷劳累一天，孙子的未来就多一分希望。让我们为爷爷鼓掌，并允许你看到此文时眼含热泪，当"我"拿着大学通知书、挂着感激的眼泪奔向爷爷敞开的那无比温暖的胸脯时，"我"会闻一闻爷爷身上的牛粪味。而我们读者，是不是该悄悄想一想自己的亲人：我们该为他们做些什么？

和解的智慧

一个木匠和他的邻居因为一些鸡毛蒜皮的小事伤了和气，背地里，他们用各种恶毒的语言攻击对方，都有一种要置对方于死地而后快的意思。如此一来，不但他们两家形同陌路，就连和他们很要好的朋友，为了怕引起不必要的误会，也对他们敬而远之了。

后来，木匠感觉到了事情的严重，心中有愧的他很想和邻居和好如初，为此，他亲自上门道歉。但是邻居并不领情，反而怀疑他是别有用心。万般无奈之下，他只好向一位德高望重的智者请教。

智者听罢木匠的话，并没有立刻给他什么对策，而是给他讲了一个有关禅宗的故事：一个人想要探求天堂幸福与地狱不幸的人的生活状况，为此他来到这两个天壤之别的地方。实地参观后，他感到很吃惊。所谓享有天堂幸福与地狱不幸的人所处的环境，竟然一模一样。他们坐在同样饭菜的桌前，手举长勺，只是因为勺太长了，谁也无法用它把饭菜放到自己嘴里。然而天堂的人满脸微笑，地狱的人却一脸沮丧。地狱的人之所以愁眉苦脸，是因为他们手里的长勺是用来敲击他人手中的长勺，以防他人比自己先吃到饭；而天堂里的人之所以喜笑颜开，是因为他们是用自己手中的长勺，盛满了饭先给对方吃。

故事讲罢，智者见木匠还没有开悟，就对他说："从今天开始，只要有机会，你就向所有认识你的人赞美你邻居的优点，相信你们一定能够和好如初。"

木匠按照智者的吩咐去做了。时间一长，木匠发现邻居的态度有了转变，见了他不再是横眉立目，更让木匠高兴的是，有许多人不断地上门找他打家具，而那些人都说是木匠的邻居告诉他们说木匠的手艺是方圆百里内最好的。由此看来，木匠的邻居也开始迈出了和解的步伐。

生活在尘世中，难免有误会、有矛盾、有分歧，但是，人与人之间没有解不开的疙瘩，也没有化解不了的恩怨，关键看我们是否有诚意，是否有爱心，是否有一颗与人为善的心灵。其实，不管人与人之间有多大的隔膜，只要能够拥有一颗宽容、友爱、谅解、忍让的心，相信所有的人都可以拥有一个好邻居、好同事、好朋友。

心灵感悟

真诚是赢得朋友之间信赖的先决条件，真诚是化解矛盾的灵丹妙药。只要带上你的宽容，传递你的真诚，表达你的友爱，人与人之间还有什么解不开的疙瘩，还有什么化不开的矛盾呢？